改訂版

生協の経営入門

川田　俊夫　著

日本生活協同組合連合会

はじめに

２００1年に『生協の経営入門』を出して、既に十年以上が経過しました。この間、生協をめぐる環境も大きく変わり、生協の経営内容も変貌を遂げています。また、２００８年4月から新しい生協法が施行され、生協におけるガバナンスのあり方や決算関係書類等に関わる規則が、従前より大きく改善をされ、ルールが明確化されました。

この本は、そういった環境変化を踏まえて、それぞれの生協の経営構造を改革し、より組合員に寄与できる組織へと成長させるために、決算書の内容を理解し、各種の分析を行うための参考となるよう、新しく書き直したものです。

経理部門や経営管理に関わる専門家向けには、さまざまな専門書が出されています。この本は、そういった専門家ではなく生協に関わる役職員や組合員理事など、すべての方が日々事業活動を進めていくために理解いただける内容とし、易しく表現することに努めました。

「経営分析」は、客観的に自らを見つめ、「今、何をしなければいけないのか」「何をしてはいけないのか」を導き出すための手段です。「経理業務」や「決算書類」の中では、「数字」や「難解な言葉」が数多く並べられ、最初から、専門家のすることで、私には関係がないといわれる方がいます。しかしながら、事業活動を進めているのは、経理部門の方や経営者だけではありません。日々、事業所で業務改善に取り組み、組合員への貢献度を上げるために努力をしている役職員全員が、今を見つめ、何をすることが必要なのかを自ら考え、実践し続けることが必要なのです。

その取り組みを行う上で、参考にしていただければ幸いです。

著者

生協の経営入門・目次

Ⅰ．うちの生協は大丈夫？

1．生協だって、倒産する？

「生協に限って倒産なんて」と思っている方は多いのではないでしょうか。特に、組合員や職員の皆さんは「うちの生協に限っては大丈夫」と思ってはいませんか？

いま、この本を手に取ってお読みになろうとしているあなたも、自分の生協が経営に行き詰まるなんて思ってはいないのではないでしょうか？「大手デパートの○○が、会社更生法の申請。負債総額1兆円を超える」「大手△△証券会社が突然経営破綻し、破産に！」「□□銀行に業務停止命令発動、外資に売却か？」等々、新聞を読んでいると、企業破綻の記事が一面を飾っているのを時々目にします。

それでは、生協は大丈夫なのでしょうか？　いいえ、生協だって倒産はするのです。

日本生活協同組合連合会（以下、日本生協連）に加盟している生協は300を超えています。未加盟生協を含めると、1，200前後の生協が、さまざまな分野で活動を行っています。そのうち、毎年の決算報告では、少なからぬ生協が、赤字決算を余儀なくされています（赤字だからといって倒産するわけではありませんが）。

そういったなかで、いくつかの生協では、経営が行き詰まり自ら清算し、解散したり、資金的に行き詰まり、破産をせざるを得ない事例が起きているのです。

「○○生協経営破綻」といった衝撃的な記事が地方新聞に何度も出ているのです。生協は、定められたエリアでの活動を余儀なくされているため、全国紙には載らず、あまり大きな問題となっていないだけなのです。そして、それらの生協の多くは、直前の総代会では、黒字か、あるいは赤字でも過年度の利益があり、累積では剰余金を計上しており、時には決算配当すら行っているのです。

また、直前まで組合員や職員はもちろん、理事自身もそんなことが起ころうとはつゆ知らずにいた場合がほとんどです。

確かに、その決算を正確に分析し、決算内容を吟味していれば分かることですが、「難しい決算書は分からないわ！」と、常勤役員に任かせきりになっており、最後に、理事会に現状が開示された時点で、「なぜ？」と大騒ぎしても、もう取り返しのつかない事態になっている場合が多いのです。

こういった事例は、生協だけではなく、民間企業の場合も同じです。この間の、多くの企業倒産も、誰もが「なぜ?」と思い、時には、その企業の経営者さえ予想できなかった事態が起こっているのです。

なぜでしょうか?

その理由は、毎年総代会で報告してきた決算関係書類が適正ではなかったことにあるのです。いわゆる「粉飾決算」である場合もありますが、必ずしも「粉飾」とはいえないが、適正とはいえない決算が行われているところに問題があるのです。

決算関係書類には、公認会計士や監事による適正意見が付けられているのが通例ですが、どうしてこのようなことが起こるのでしょうか?

2．「正しい決算」とはなにか？

一般の企業で証券市場に上場している企業では、決算書類の作成に関する基準が定められていますが、従来、日本国内の基準と欧米の基準との間には大きな隔たりがありました。

過去には、国によるさまざまな規制のなかで、企業は護送船団方式で擁護され、ゆるやかな市場競争のなかで企業活動を行なうことができました。ところが、企業活動の国際化の進展の中でこれらの慣習はもう過去のものとなり、企業の優劣が国際市場における競争で競われ、企業淘汰が進む社会へと変化しています。

このような環境のなかにあって、生協の事業への評価も例外ではありません。生協自身は海外に出られませんが、事業活動における競争相手とは、日々競争にさらされており、市場からの評価を受けざるをえない時代になっています。

企業活動が国際化を進めるなかで、採用する会計基準は国内基準から国際基準の準拠へと大きく変化をしつつあります。この流れは、海外の投資家から資金調達をする際、企業の実態をより正確に開示することが求められ、従来、日本の企業が採用していた会計基準の不明朗さが市場から批判されてきたことに対する対応といえます。

そして、この流れを追認するように、会計基準の改定作業も進められ、順次新しい会計基準の導入が進められてきました。さらに、国際会計基準への移行も取り沙汰されており、今後、さらなる変更が見込まれます。

このような基準の改定が進められている一方で、企業不祥事は相変わらず発生しており、単なる基準の改定だけでなく、適切な決算が行われているかを監査する体制の確保が課題となっています。とりわけ「監査の経営からの独立（公正な第三者としての監査活動）」が求められ、利害関係のない第三者からの社外監査役の選任（監査役設置会社は監査役の過半数を社外監査役に）や、公認会計士の監査の適正化が進められています。

一般企業とは異なり、生協は、組合員の自治を原則とした組織のため、生協法には会計処理に関する明確な規定がありませんでした。２００８年4月に施行された生協法は、会社法に準拠した規則が多く導入され、法第31条の7で「決算関係書類等の作成すべきもの」を定義し、第32条で「適時、正確な会計帳簿を作成」する具体的内容を省令に委ねています。

施行規則では、決算関係書類の作成にあたってさまざまなことが記載されていますが、法改正直後は、その第66条で、「一般に公正妥当と認められる会計の慣行をしん酌しなければならない」とされ、原則的にそのような慣行を考慮した基準を適用することが規定されました。従来は、決算関係書類を作成するうえでの基準は個々の生協の自主的判断に委ねられていたため、日本生協連が作成した「生協会計基準」を基本に作成していましたが、法の改正にともない、その基準を廃止したのです。その後、合併会計をめぐる経過から、施行規則第66条が改正され、「企業会計の基準その他の」という文言は削除されましたが、改正後も基本的考え方は変わっていません。

それでは「一般に公正妥当と認められる企業会計の基準その他の会計の慣行」とは何を指すのでしょうか？

公認会計士法第47条では、企業の財務書類の監査又は証明をすることは公認会計士および監査法人の独占業務とされています。つまり公正妥当と認めるのは、公認会計士（監査法人）であり、そのために日本公認会計士協会がさまざまな実施指針などを作成しており、生協もそれに従う必要があるのです。

通常は企業会計基準といわれる基準に準拠しますが、上場会社や会計監査を受けている企業ではなければ、日本公認会計士協会等※が定めている「中小企業の会計に関する指針」を採用する場合があります。この指針は公認会計士の監査を受けていない場合に採用することができるものであり、生協の場合も公認会計士監査を受けている場合は、上場会社と同等の基準で決算関係書類の作成を行わなければなりません。

「正しい決算」の作成は、企業や生協の経営実態を正確に株主や組合員・その他の利害関係者に報告をし、その信頼のもとに組織の永続的存続を保証するために必要な最低限の義務です。

「正しい決算」を開示するには、その決算作成が恣意的《しいてき》にならないように、採用する基準の明確化や手続きの明文化等の措置が必要であり、組織の適切な運営が必要です。一部の理事や経理部長の判断で数値が変わることは許されないのです。「正しい決算」は、公正で公明な経営姿勢と、適切な事業運営が機能していなければできません。

また、「正しい決算」とは、第三者から見て、その経営実態が把握できるということです。「生協だから」といって、自分勝手な決算書を開示しても、見た人が理解できなければ何の意味も持ち得ないのです。そのために、だれもが理解でき、説明責任を果たせる普遍性をもった会計処理が必要なのであり、時代の変化に即応した基準の見直しが必要なのです。

いま、会計処理の基準が大きく変わりつつあるなかで、去年と同じ処理だからといって適切とは限らない、そういう時代になっていることを肝に銘じなければなりません。

※　日本公認会計士協会、日本税理士会連合会、日本商工会議所及び企業会計基準委員会の4団体が策定している。

3. なぜ倒産するのか？

日本には、企業といわれる組織（株式会社や、生協などの協同組合組織を含めて）は２００万社以上あります。そして、その半数以上は赤字企業なのです。でも、赤字だからといって倒産するわけではありません。

企業の倒産とは、経営結果が赤字であるか黒字であるかを問わず、資金が足りなくなり、支払不能になったことを指すのです。

例えば、在庫高が増えても、損失にしない限り会計上は赤字にはなりませんが、商品を仕入れて、その商品が売れずに在庫として残っている限り現金は入りません。支払いに必要な現金（売上代金）が入らなくなれば倒産です。

また、資金を外部からの借入（組合債を含めて）に依存して過大な投資を行ったものの、その返済資金が事業から生み出せなければ、運転資金が底をつき、資金がショートする場合も多く見られます。

倒産の多くは、在庫や、資産の実質的目減りを適切に処理していない（できない）ことから起こるのです。

一方、日本の企業数の多くを占める中小企業のほとんどは赤字であっても簡単に倒産しません。なぜなら、税負担を少なくするために、意図的に赤字決算にしているからです。そのほとんどは個人企業ですが、経営者の給与を高額にしたり、社員という名目で家族に賃金を払ったり、個人の車を会社の経費として処理することによって、法人としては赤字なのですが、個人としては黒字（？）といった事例が多いのです。平均的赤字額より中小企業の経営者の給与のほうが多いのが実態で、不足資金を蓄積した個人の資産から法人に回せるから、資金的にはつながって倒産しないという例が多く存在するのです。

しかし昨今、規模の大小を問わず経営破綻する企業が増えています。では、倒産はなぜ起こるのでしょうか？

結果としては、資金が足りなくなったから倒産するわけですが、本当の経営破綻の理由はなんでしょうか？

事例を挙げて考えてみたいと思います。

（事例1）事業の成長がとまり、売上が減り事業が後退して倒産

経営破綻で、いま一番多いのは、競争条件や環境の変化への対応の遅れで事業の停滞が起こり、事業高が低下し続けることによって、赤字に陥る事例です。事業高の低下は、常に後でくる支払いに必要な資金の不足をきたすのです。

経営破綻の生協のほとんどは1月から2月に資金不足を起こして破綻します。小売業の12月における売上は最も多いため、その仕入代金を支払う時期（1・2月）に資金が不足するのです。この1・2月は逆に最も売上（供給）が少ない時期であり、現金が入るより出るほうが多い時期なのです。

もっとも、ある日突然ではなく、それまでの間に実質的赤字が累積し、資金が苦しい状態になっていたはずなのです。

これまで、多くの生協が倒産していますが、そのほとんどが、事業の衰退により市場からの撤退（倒産とは限りませんが）を余儀なくされた結果でした。組合員の生活が変化し、生協に対するニーズ（要求）が変化しているにもかかわらず、過去のやり方に固執していると、組合員から利用されなくなる状態が起こるのです。

市場競争のなかでは、常に、競争に勝てる商品やサービスを提供し続けない限り事業は生存できません。事業高の低迷は、市場での競争に負けたことが最大の原因です。

「企業の寿命は30年」といわれますが、事業の継続性を確保するためには、常に、事業革新が必要であり、現在の利益のなかから継続的投資を続けなければなりません。世の中には長い企業寿命を保っている企業がありますが、その中身をみると、絶えることのない事業革新を続けてきており、その結果、当初の事業内容とは似ても似つかない企業に変身をしているのです。

（事例2）投資したものの資金回収が予定どおりにいかないで倒産

次に、たびたび発生するのは、投資の失敗です。事業の継続的発展を保証するには、常に未来への投資が必要です。しかしながら、投資はその投下資金の回収ができない限り、自らの経営を危うくします。多くの企業や生協は、この投資回収が不可能な投資を行ったために破綻しています。

また、いくつかの事例では、投資をし、失敗が分かってからの判断（撤退や縮小）の遅れにより、さらに傷口を広げ、取り返しのつかない事態にまで追い込まれてしまった事例もあります。

特に店舗事業は、宅配（共同購入）事業と違い、いったんその場所に施設をつくると、そこでしか事業ができません。立地の過ちや、競合店の出店により予定を下回った供給高の低迷はおいそれとは取り戻すことができず、赤字が拡大し続ける事例が後を絶ちません。

投資は、その投下資金の回収を前提として行います。しかしながら、当初目標とした事業高を大幅に下回ると、大きな赤字に転落します。結果、追加資金が必要となり、他の事業でカバーし切れなくなると、資金が不足する事態を引き起こしてしまいます。投資計画は、その確実性を適切に評価し実施することが求められます。

また、投資には常にリスクが伴うのは当たり前です。そのために、投資に当たってはそのリスクを検討し、リスクを回避するためになすべき措置や、万が一リスク事象が発生した場合、損失を拡大させないための適切な判断を行うこともまた求められているのです。

（事例3）本業外に資金を投下し、回収が困難となって倒産

バブル期のように不動産価格が上がり続けていたときには、企業の業績とは別に、保有資産の価値の増加により信用力が上がり、銀行からの借入可能額が拡大し、その借入でさらに投資をすることが可能でした。それが、企業の量的拡大を可能にしたのです。

その中で、事業の効率化や顧客の満足度向上のためにではなく、直接利益を生み出さない施設や事業外で資金運用に多額の資金を投下し、資産の効率を大きく低下させる結果を生み出した企業があります。それでもバブル期は、保有資産の「含み益」の増加で矛盾を隠すことができました。

しかし、バブルの崩壊は、このような投資に対して、資産価値の目減りによる大きな損失を抱える事態を引き起こしました。その結果、事業継続が困難となり、倒産を余儀なくされた事例も数多くあります。

事業の多角化（組合員ニーズの拡大への対応）として、さまざまな分野へ進出した結果、収益性の低い事業が拡大し、結果として赤字に転落したり、収益を伴わない施設への過大な投資を行うことにより、資金が固定化したりして、資産の収益性の低下と「含み損」を抱えた事例が数多いのです。

このように、事業目的、生協で言えば組合員の満足度向上と言いながら、実は別の物差し（事業高のみの向上や、社会的ステータスへの執着）で分不相応な資金を投下し、その回収が困難になっている事例は数多くみられ、生協自身、反省しなければならない事例もあります。

（事例４）アクシデント（危機の発生）によって倒産

一方、経営活動として健全な場合でも、外部の要因によって、経営破綻は起こります。天変地異により、施設が致命的な被害を受け事業継続が困難になる場合もあります。また、ある日、取引先が倒産し、貸付金や売掛金が回収できなくなり、連鎖倒産をする場合もあります。

でも、考えてみましょう。経営を行う上では、これらのリスクはつきものです。リスクを回避するために「危機管理」は重要な課題です。各種の保険（お金を払うだけではありません）を掛けておくことも必要な経費といえるのです。

経営破綻はさまざまな要因によって起こります。しかし、本当の理由はどこにあるのでしょうか？

事業経営を行う上では、常にリスクがあるのは当然です。計画通りにいくのは、ほんのわずかであり、実際は、常に軌道修正をし、失敗を糧として経験を積み重ねるなかで、初めて成功があるのが当たり前だと思わなければなりません。

経営破綻をしている企業や生協の、破綻の本当の理由は、失敗を隠し続けた経営姿勢にあります。経営実態をごまかし、「明日取り戻そう」という安易な姿勢が経営破綻を招いたのです。経営内容を取り繕うことによって、経営破綻を未然に防ぐ努力を組織として取り組む力を発揮することができなくなってしまった、それが、経営破綻の本当の原因です。

理事会にしろ、一部の役員にしろ、当初は、そんな破綻を招くとは誰一人、思っていなかったのです。しかしながら、結果として、経営の失敗を隠し続けたことによって、組合員と職員が力を発揮するべき取り組みを組織として作り出すことができず、組合員の財産と職員の職場をなくしてしまった事例が多いのです。

経営破綻を招かないためには、事業の結果を正しく開示し、その原因を取り除き、常に経営を革新しつづける経営姿勢が必要なのです。同時に、外から見たら「うちの生協はどうなのか」を率直に判断できる組織にしていく努力が必要です。

「これまでそんなことはなかった」からといって「あすも大丈夫」という保証にはなりません。生協運動の永続的発展を願う組合員と職員の力を信頼して経営を進められる組織風土こそ、健全経営にとって欠かせない条件なのです。

Ⅱ．そもそも経営の仕組みはどうなっているのか？

1．経営組織とはなにか？

生協は、「組合員の出資と利用と運営」によって支えられています。生協運動の発展とともに、地域社会のなかで生協が果たしてきた役割に対する評価と期待は高まっており、自主的な「共助」組織として、地域社会への貢献が求められています。

生協は、その規模と社会的なポジションに見合った組織として、民主性と効率性を両立させながら、地域社会に開かれた組織として活動していかなければなりません。

一部の生協で、経営破綻や不祥事を発生させた要因の一つとして、運営における閉鎖的体質や機関運営の未確立が指摘されています。

生協の組織運営と経営管理・事業執行を進める上では、責任をもった「機関」と、その適切な運営が求められているのです。

では、「機関」とはなんでしょうか?　「機関」とは「ある働きをするための仕掛け・仕組み」と辞書にはあります。それでは生協における「機関」とは、何を指すのでしょうか?

２００８年4月に施行された生協法は、従来、法的にあいまいだった機関設計を明確にし、それぞれの役割と責任を明確にしました。

生協は、事業経営を組合員参加によって民主的に進めるために、組合員から選出された総代によって、年1回総代会を開催することが義務付けられています。総代会は、生協の最高意思決定機関として、年度の事業報告・決算・剰余金処分に関する承認を行うとともに、次年度の事業計画・予算の承認と、役員の選任、役員報酬額の決定を行います。

総代会は、承認した事業計画の執行を委任するために「理事」を選出（選任）します。理事は「理事会」を組織し、事業執行を行うとともに、理事の事業執行を監督する義務を負っています。また、理事会は互選で法人を代表する代表理事を決めるとともに、業務執行責任を担う「理事長」、「専務理事」や「常務理事」等の役付き役員を選出します。これらの役付き役員を一般に「経営管理者」もしくは「経営者」と呼ぶのです。

一方、総代会は、理事の業務執行が適切に行われるために、理事ならびに「理事会」の執行を監査することを委任するため、「監事」を選出（選任）しています。生協によっては、監事の合議機関として「監事会」を設置している場合もありますが、法的には個々の監事が監査をし、総代会に報告する責任があります。また、一部の生協では、会計監査を担う公認会計士等の選任を行っている場合があります。

これらの、組合員が生協の経営執行や監査を委任した役員には善管注意義務が課され、そして、役員が構成する組織を「機関」と総称しています。

各「機関」の責任と権限

機関	責任	権限
総代会	組合員利益の確保と資産の保全	事業報告・決算・剰余金処分・事業計画の承認 理事・監事の選任 定款・規約の改定
理事会	総代会決定事項の執行 経営管理組織と事業計画執行状況の監督	総代会の招集 代表理事の選定 月次決算の承認 投資等の決定
理事長	理事会の長として 経営組織の管理監督 対外利害関係者への理解促進	理事会の開催 役員の人事処遇
専務理事	経営組織の運営 事業計画の遂行 経営結果の報告	経営組織の変更 職員の任免・処遇 日常取引の決定
監事	総代会への監査報告 理事会の執行監査	業務監査 会計監査

これらの「機関」を運営するために最も重要なことは、機関の構成員がその責任を自覚し、行動することです。業務執行を担っている理事には、「誰から何を委任されているのか」を常に念頭においてその役割を果たすとともに（忠実義務）、理事会への業務執行の状況を報告し、他の理事から監督を受ける義務があります。

結果としてその責任を果せなかったときは、責任を明確にしなければならないことは当然です。この場合、単に業務を行っている理事だけでなく、その業務執行を認めてきた理事にも責任があります。理事会で反対意思を表明しなかった場合は、賛成したとみなされるからです。

機関運営を行う上では、そのよりどころとなる定款、規約をはじめとした諸規定が整備されていることが重要です。この間、問題を発生させている生協の多くでは、これらの規定類が整備されていなかったり、規定があっても実際の運営は全く形骸化していたり、「機関」に諮らず、一部の人や特定の個人が都合の良いように運営していた事例すら見られます。

一方、「機関」の適切な運営において監事の役割は重要です。生協における監事の役割は、総代会によって選出された理事に対する監査を行う「機関」ということです。監事は、総代会で決定した事業計画に沿って業務を遂行しているかどうか、定款や諸規定に沿った運営を行っているかどうかといった業務監査によって、機関運営が適切かどうかを監査します。業務活動の結果としての会計処理についても、適切に開示しているかを評価する責任を負っています。

この場合、理事が適切な判断を行っているかどうかを測る物差しが「経営判断の5原則」といわれるもので、理事・監事双方がこの原則に沿ってどうであるかを、決定や執行に当たって留意して進めることが必要です。

経営判断の5原則

原則1　事実認識に重要かつ不注意な誤りがないこと（相当性）
原則2　意思決定の過程が合理的であること（合理性）
原則3　意思決定の内容が法令または定款に違反しないこと（適法性）
原則4　意思決定の内容が、通常の企業経営者として明らかに不合理でないこと（妥当性）
原則5　意思決定が理事の利益または第三者の利益でなく、組合の利益を第一になされること（忠実性）

企業不祥事が起こる都度、この「機関」の運営や組織の仕方が大きく問題視されます。そのたびに、「企業は誰のものか」という問い掛けがなされ、企業の本当の所有者である「株主」の利益を擁護する企業姿勢が求められています。

さらに、企業では「株主による統治」が不在の「経営者支配」が問題とされ、「機関」の在り方が常に問われ、この間の会社法の見直しの都度、取締役や監査役、さらには会計監査人の役割や在り方が見直されてきています。とりわけ、監査役の権限強化と取締役からの独立性への取り組みが進み、今では、監査役は過半を社外監査役が占め、取締役の監査が適切に行われるような取り組みが進んでいます。

ちなみに、取締役会（理事会）の業務執行を監査する監査役会（監事）という機関を持っているのは日本だけであり、欧米では、取締役会（ドイツでは監査役会）が経営を担い、執行を監視する役割を担っています。そのために、取締役会の過半を社外役員が占めており、役員等の選任にあたっても、日本のように、会長や社長が決めるのではなく、社外役員が選任権を持つまでになっています。そのことによって、企業の事業運営の執行を常勤者に任せながら、取締役会が「機関」として事業執行の監督と評価を適切に行い、株主に対する説明責任を果たせるようにしようとしています。

日本においても、このような取り組み（委員会設置会社）を進めている企業も出てきていますが、まだほんの一部です。

日本生協連では「生協における健全な機関運営の確立にむけて」機関運営のガイドラインをまとめ、機関運営確立に当たって重視すべき視点として、４つのキーワードを示しています。

・「参画」（意思決定への主体的関与）

・「公正」（チェック＆バランス）
・「透明」（ディスクロージャー）
・「正直」（偽らない誠実な姿勢）
の４つです。

さらに機関運営確立の前提として、社会に開かれた組織づくり、組合員組織運営の確立、内部経営組織の確立、健全経営の確保など、生協の基本的課題への総合的取り組みを求め、これらの総合的な取り組みを進めるうえで、トップのリーダーシップと機関運営の制度整備を呼び掛けています。

「機関」は、組合員によって選ばれたものによって構成され、組合員に責任をもっているわけですが、生協運動をすすめる上では、日常の事業を担っている多くの職員の力を必要としています。この職員の力を引き出し、事業運営を適切に行うために、職員集団を含めた組織として「経営組織」があります。

「経営組織」は、理事会の決定に基づいて理事長、専務理事のもとに組織され、専務理事の権限委譲を受けて、一部の常勤役員が組織の運営と執行に責任を負っています。

経営組織は、事業執行を効率的に行うために仕事を分担し、個々の仕事単位に責任を分担しています。いずれも、最終的に組合員の満足、利益の最大化を図りながら事業計画を達成することを目的に組織されています。

職員集団は、生協の事業の担い手です。別の側面から見ると、専務理事をはじめとした役員は雇用側であり、職員は雇用されている側にあります。職員は、生協事業に貢献できるよう自らの時間と能力を発揮し、一方でその対価として生計をたてる糧を得ているのです。

職員には、生協運動の担い手、パートナーとして、自らの研鑽《けんさん》と能力発揮が求められており、その力を引き出すのも雇用している側の責任であるといえます。「職員の○○が悪い」と組合員から言われたら、理事は自らの責任として受け止めなくてはなりませんが、理事が同じ言葉を言っているのは「天に唾する」ことでしかないのです。

2．経営管理者

経営を行う上で、一般の企業では、総会で選任された取締役による取締役会が、業務の執行に当たっての日常議決機関であり、その代表として複数の代表取締役が置かれています。一般に代表取締役会長や代表取締役社長がそれに当たります。

代表取締役は、対外的にその企業を代表するとともに、最高経営管理者として企業の経営組織の運営に責任をもっています。人事と資金の決済権限を持ち、執行に当たって経営組織への命令権限を持っているのです。

生協の場合も、定款や規定に従い、理事会で互選された理事長や専務理事に代表権を与えています。理事長や専務理事は、対外的に組織を代表するとともに、経営組織の長として経営組織の運営に責任をもっています。

理事長は、理事会の付託を受けて、執行組織である経営組織と組合員組織が総代会決定と理事会決定に沿って運営され、所期の目的を果たすべく活動しているかどうかを管理する責任を負っています。

一方、専務理事は、総代会と理事会の決定に沿って事業運営についての具体的施策の執行を統括し、経営組織が目標にむかって活動することをコントロールし、事業成果を確実に実現することに責任を負っています。

言い方を換えれば、理事長は理事会の代表であり、組合員代表としての責務を持ち、専務理事は経営組織の長として事業執行に責任を持っているといえます。

この間、生協の規模が拡大する中で、理事長と専務理事だけでは事業執行が困難となり、常勤役員や幹部職員が専務理事から権限委譲を受けて、一分野の執行の責任を負う形で経営組織が運営されてきており、それらの幹部を含めて経営トップ集団が形成されています。

これらの経営管理者は、第一に、組合員満足度の向上と組織の永続的発展をその責務とし、第二に、職員集団の適切な能力発揮と処遇に責任を持っています。

また、さまざまな利害関係者（取引先、金融機関、地域諸団体等）に対する公正な説明責任も併せ持っています。経営管理者は、これらすべての利害関係者に対し、生協の健全性を維持し発展させるなかで、利害調整を図り、円滑な運営を行わなければなりません。

そのために、事業実態を正確に捉え、それを開示し説明をする責任を負っているのです。理事会に対しては、全理事が判断する上で必要な情報を提供するとともに、それらに対する疑問に答える説明責任を負っています。

・トップマネジメントの重要性

機関運営の確立において、代表理事である理事長や専務理事などトップは、非常に重要な役割をもっています。トップは、組合員の声を仕事に反映することはもとより、組合員への誠実さ、組合員感覚への配慮、業務執行に当たっての責任感など、生協役職員が持つべき価値観、組織風土を日常運営の中で創り上げていくリーダーシップの発揮が求められています。

同時に、現場の職員の創意や発議が生かされるマネジメントを確立するために、組織の硬直化を排し、風通しの良い柔軟な組織を創り上げていかなければなりません。そのために、経営組織においてそれぞれの責任と権限を明確にし、組合員への貢献を事業で実現しながら、必要な利益を確保するマネジメント力を持つ必要があるのです。

こうした、総合的な取り組みがトップの職務であり、それらを執行するに当たってのリーダーシップの確立と、資質と能力の向上を図らなければなりません。

また、監事の独立性や公認会計士の導入など、トップマネジメント自身が、その業務について適切で実効性のある監査を受け入れるために、外部監査の導入にも積極的に取り組む必要があります。

さらに、理事会構成についても、組合員の層との乖離《かいり》を避ける努力や外部人材の積極的導入により、理事会としての能力向上に努めなくてはなりません。

3．経営の権限と責任

経営を執行する上で明確にしておくべきことは、それぞれの責任です。役割といってもよいかもしれませんが、何を実現するために、その組織や個人が必要なのかを明らかにしておかなければなりません。権限はその責任を果たすために与えられているのです。

各「機関」が責任と権限を有しているのと同時に、組合員組織に対して直接的に責任を負っている理事（経営者）と、間接的には組合員組織に責任を負っているが直接的には経営トップに対して責任を負っている経営組織メンバーかの違いはありますが、経営組織の構成員全員にも仕事を進める上での責任と権限が与えられています。

この責任は、定量的な場合も、定性的な場合もありますが、文書化され明示されていることが必要です。誰かの気紛れで、責任や権限を変えられては最終的に組合員や組織に対しての責任が負えないからです。

・目標に対して、結果を評価する

責任と権限を持って仕事を行う上では、常に目標が必要です。誰が、いつまでに、何を、なぜ、どうやって、どこまで到達させる（5W1H）といった目標を、組織として確認しておくことが重要です。

事業を進める上で、責任と権限、そして目標を明確にすることが必要なのはなぜでしょう？

それは、目標に対して、結果を評価することなくしては、組織の維持・発展ができないからです。組織をある目標に到達させるためには、各組織構成員がその責任と権限に応じて仕事を分担しなければなりません。そして、分担した業務について、ある一定期間内にどの状態にするのかを決めておかないと、組織がバラバラになってしまうからです。

そのために目標は数値化され、その到達度合いを明確にしなければなりません。目標に到達しなかった場合は、その要因を明らかにすることが求められますが、この評価を人物評価と取り違えて毛嫌いする方がいます。仕事を評価することと、人物評価をすることとは基本的に違います。当然のことですが、組織はその個人の仕事に対して対価を支払っているのであり、個人の人格に対価を支払っているわけではありません。「冷たい」とか「温かい」とかいう問題ではないのです。

逆に、仕事に対する評価をしないことは、その人の能力発揮や向上を阻害していることになります。評価をしないということは、頑張っても、頑張らなくてもよいと言っているのに等しいのです。

諸規定一覧

	規約・規定名	制定機関
機関運営に関する規約規則	定款	総(代)会
	総代選挙(選任)規約	総(代)会
	役員選挙規約	総(代)会
	総(代)会運営規約	総(代)会
	情報開示規則	理事会
	公認会計士監査規約	総(代)会・監事の承認
	監事監査規則	総(代)会・監事の承認
	理事会規則	理事会
	役員報酬規則	理事会
	役員人事委員会規則	理事会
	出資金規約	総(代)会
	組合員借入金規約	総(代)会
経営管理に関する規則	諸規定管理規程	専務理事
	文書管理規程	専務理事
	印章取扱規程	専務理事
	組織管理規程	専務理事
	業務分掌規程	専務理事
	決裁権限規程	専務理事
	稟議手続規程	専務理事
	経理規程	専務理事
	利用割戻規程	専務理事
	固定資産管理規程	専務理事
	関連会社管理規程	専務理事
人事に関する規則	就業規則	専務理事
	給与規程	専務理事
	福利厚生規程	専務理事
	年次有給休暇規程	専務理事
	職能資格規程	専務理事
	人事考課規程	専務理事

この結果評価こそ、最大の組織マネジメントであり、執行組織を活性化し、組織の発展を保証するものです。日本の社会は、誰かが飛び出ることを許容しなかった社会でした。昨今、この個人の評価とそれに基づいた処遇なしに企業の成長はないし、人材も、育成どころか、集まってこない社会に変貌しつつあります。

結果を正しく評価する、生協に一番欠けている組織風土が今、求められているのです。

権限を与えず責任だけを転嫁するような組織、責任はあると言っていながら責任を問わず、傷をなめあっている組織、あれこれ理由をつけて結局何もしない組織、そういった組織はすでに無責任体制になっているのです。責任を問える組織、個々の組織や個人が自らの責任を果たすために行動している組織、そういった組織をつくることが、生協の発展を保証するのです。

当然のことですが、理事会は組合員から評価され、理事長・専務理事は理事会から評価を受ける立場にあります。それぞれの選出基盤がその権限と責任を与えているのであり、評価をする責任があるのです。

29ページの表は、最低限必要な諸規程の一覧です。これらの諸規程は、単に存在しているだけでなく、組織の発展に応じて改定され実態を伴っている必要があります。あなたの生協ではどうなっているでしょうか。

組織がその目標を達成するためには、組織のルールや規則を整備し、組織の抱える問題やリスクを回避することが必要です。この仕組みを「内部統制システム」といい、理事会とりわけ代表理事は善管注意義務の一環として、この「内部統制システム」の構築と運用に責任を持っています。

Ⅲ．経営内容を知るには何が必要か？

1．決算書とは？

生協の経営内容を知るためには、その生協が作成している決算書類を見ることが第一歩です。生協は、生協法により年に1回、総（代）会を開催し、決められた決算関係書類を提出し、承認を得ることが義務付けられています。生協法施行規則では、以下のものを作成し、監事の監査報告を添えて提出することが求められています。

(1)貸借対照表
(2)損益計算書
(3)剰余金処分案（または欠損金処分案）
(4)注記
(5)事業報告書
(6)決算関係書類及び事業報告書の附属明細書

これらの決算関係書類から経営内容を知るには、その決算関係書類の意味を知っておくことが必要です。

決算書類の中で重要なのは、貸借対照表、損益計算書、キャッシュ・フロー計算書の3つです。

キャッシュ・フロー計算書は「第三の決算書類」として、会社法では「連結決算書類」とともに重要な決算書

決算書類の関係は

「貸借対照表」は現在の財産と資金の出所

第○○期貸借対照表

単位　百万円　　××年3月20日現在

(借方)資産の部	金　額	(貸方)負債・純資産の部	金　額
Ⅰ流動資産			
現金預金			
供給未収金			
商品			
貸倒引当金			
その他流動資			
Ⅱ固定資産			
有形固定資産			
建物			
その他償却			
減価償却累			
土地			
建設仮勘定			
無形固定資産			
その他固定資			
貸倒引当金			
Ⅲ繰延資産			
資産合計			

第○○期貸借対照表

単位　百万円　　○○年3月20日現在

(借方)資産の部	金　額	(貸方)負債・純資産の部	金　額
Ⅰ流動資産	2,254	Ⅳ流動負債	2,587
現金預金	998	買掛金	1,348
供給未収金	683	短期借入金	901
商品	302	賞与引当金	88
貸倒引当金	−10	その他	250
その他	281	Ⅴ固定負債	1,310
Ⅱ固定資産	4,641	長期借入金	816
有形固定資産	3,409	退職給付引当金	367
建物	2,794	役員退職慰労引当金	42
その他償却資産	444	その他	85
減価償却累計額	−1,576	負債合計	3,897
土地	1,684	Ⅵ出資金	2,121
建設仮勘定	63	Ⅶ剰余金	957
無形固定資産	71	法定準備金	520
その他固定資産	1,172	任意積立金	419
貸倒引当金	−11	繰越剰余金	18
Ⅲ繰延資産	80	（うち当期剰余金）	13
		純資産合計	3,078
資産合計	6,975	負債・純資産合計	6,975

「キャッシュ・フロー計算書」は現金預金の動態

○○期キャッシュ・フロー計算書

自××年3月21日
至○○年3月20日

科目	金　額
Ⅰ事業活動によるキャッシュ・フロー	172
税引前当期剰余金	56
減価償却費	180
………	…
Ⅱ投資活動によるキャッシュ・フロー	−118
有形固定資産取得による支出	−325
有形固定資産売却による収入	121
………	…
Ⅲ財務活動によるキャッシュ・フロー	163
短期借入れによる収入	
………	…
Ⅳ現金及び現金同等物の増加額	−24
Ⅴ現金及び現金同等物の期首残高	1,022
Ⅵ現金及び現金同等物の期末残高	998

「損益計算書」は当期剰余金の内訳

○○期損益計算書

自××年3月21日
至○○年3月20日

科目	金　額
Ⅰ総事業高	15,434
Ⅱ事業総剰余金	3,557
Ⅲ事業経費	3,464
人件費	1,735
物件費	1,729
Ⅳ事業剰余金	93
事業外収益	82
事業外費用	50
Ⅴ経常剰余金	125
Ⅵ特別利益	10
Ⅶ特別損失	79
Ⅷ税引前当期剰余金	56
Ⅸ法人税等	43
Ⅹ当期剰余金	13

類と位置付けられており、生協法では規定されていませんが（決算関係書類等の様式例としては明示されている）、多くの生協で作成し、決算関係書類の附属明細書の一部として開示しています。

３つの決算書類の関係を32ページに示しました。

「貸借対照表」は企業の現在の財産と資金の出所を表し、「損益計算書」は貸借対照表の中の当期剰余金の内訳明細です。そして、「キャッシュ・フロー計算書」は、年間の現金の増減内容の内訳明細です。この３つの決算書類を見ることによって、その企業の経営内容が明らかとなるのです。

2. 貸借対照表（B／S）

まず、貸借対照表とは何を表しているのでしょうか？　貸借対照表はバランスシートと呼ばれ、頭文字をとってB／Sと省略して呼ばれます。

B／Sは、中世のヨーロッパで海を渡って海外交易を行う際、出資者を募り、船を借り、販売する商品を購入し、船員を雇って航海に出、さまざまな物品を持ち帰り、現金化し、船賃や船員への支払いを済ませ、残った財産を出資者が分けるために考えられたといわれています。

「時価会計」という言葉がありますが、まさに時価で分け前を計算していたのです。一航海が一事業年度であり、航海終了ごとに清算をするために考えだされたもので、現代でいえば法人を解散するときに作成する「清算貸借対照表」と同じものと言えます。

貸借対照表

○○生活協同組合　　　　　　　　　　　　　年　　月　　日

資産の部	金額		負債の部	金額
I 流動資産		×××	IV 流動負債	×××
現金預金		×××	支払手形	×××
受取手形		×××	買掛金	×××
供給未収金		×××	短期借入金	×××
有価証券		×××	短期組合員借入金	×××
商品		×××	短期リース債務	×××
貯蔵品		×××	未払金	×××
その他の流動資産		×××	未払法人税等	×××
貸倒引当金		△×××	未払消費税等	×××
流動資産合計		×××	未払割戻金	×××
II 固定資産		×××	未払費用	×××
1. 有形固定資産		×××	前受金	×××
建物	×××		預り金	×××
減価償却累計額	×××	×××	資産除去債務	×××
構築物	×××		賞与引当金	×××
減価償却累計額	×××	×××	ポイント引当金	×××
車両運搬具	×××		設備支払手形	×××
減価償却累計額	×××	×××	繰延税金負債	×××
器具備品	×××		その他の流動負債	×××
減価償却累計額	×××	×××	流動負債合計	×××
リース資産		×××	V 固定負債	×××
減価償却累計額	×××	×××	長期組合員借入金	×××
土地		×××	長期借入金	×××
建設仮勘定		×××	長期リース債務	×××
有形固定資産計		×××	資産除去債務	×××
2. 無形固定資産		×××	退職給付引当金	×××
のれん		×××	その他の固定負債	×××
借地権		×××	固定負債合計	×××
ソフトウエア		×××	負債合計	×××
リース資産		×××	純資産の部	金額
その他の無形固定資産		×××	VI 組合員資本（会員資本）	×××
無形固定資産計		×××	1. 出資金	×××
3. その他の固定資産		×××	2. 未払込出資金	×××
関係団体等出資金		×××	3. 剰余金	×××
関係団体出資金		×××	法廷準備金	×××
子会社等出資金		×××	福祉事業積立金	×××
長期保有有価証券		×××	任意積立金	×××
長期貸付金		×××	当期未処分剰余金	×××
長期前払費用		×××	（うち当期剰余金）	（×××）
差入保証金		×××	VII 評価・換算差額等	×××
長期預金		×××	1. その他有価証券評価差額金	×××
繰延税金資産		×××	2. 繰延ヘッジ損益	×××
その他の固定資産		×××		
貸倒引当金		△×××		
その他の固定資産計		×××		
固定資産合計		×××		
III 繰延資産		×××		
創業費等		×××	純資産合計	×××
資産合計		×××	負債・純資産合計	×××

・「純資産」、左側（借方）＝「資産」と右側（貸方）＝「負債」

さて、貸借対照表は、その企業の財産目録といわれます。貸借対照表という名前は「借方勘定《かりかた》」と「貸方勘《かしかた》定」を対照させていることからきているのですが、この借方・貸方という簿記用語は慣れない方には理解しにくい言葉です。「借方」は財産で、「貸方」が財産を取得するために必要な資金の出所です。

貸借対照表では、借方は「資産の部」として左側に、貸方は「負債・純資産の部」として右側に表示されます。34ページに掲載した貸借対照表は、ある貸借対照表の様式を掲載したものです。

まず、右側（貸方）は何を示しているのでしょう?

「負債」と「純資産」は、生協を経営するための資金の源泉を示しています。

「負債」は別名で他人資本と呼ばれますが、いつかは返さなければならない資金です。「短期負債」は、1年以内に返済を必要としているもの、「長期負債」は、1年以内に返さなくてよく、数年間かけて返済するものを指しています。

「純資産」とは、生協自身の資金です。組合員が出した「出資金」が資本金です。経営の結果生み出されたものが「剰余金」で、各種準備金や積立金、未処分剰余金があります。未処分剰余金のうち当期剰余金が、今年度の事業結果として生み出された利益金です。

「負債」は、ほとんどが「借金」であり、支払利息としてコストがかかっている資金です。

「純資産」のなかの「出資金」も配当を必要とするコストのかかる資金であり、組合員の減資により流出する恐れがあり、株式のような流出を伴わない資金ではなく、他人資本としての性格を併せ持っています。剰余金のうち配当や利用割り戻し等で組合員に分配せずに、組合員共通の資本として経営内部に留保した額（準備金や積立金）は、コストのかからない安定した資金といえます。

負債の中に、組合員借入金という科目があります。いわゆる「組合債」といわれるものです。組合員資金の一部として取り扱われていますが、借入金であることには変わりありません。金融機関からの借入より組合員からの借入のほうが「生協らしい」という一言で募集を行っている事例がありますが、それに対応した担保などの資産の裏付け等を慎重に検討して発行する必要があります。

金融機関は貸付に際し、生協の経営状況と資産の審査をしています。一方、組合員個々人は、その審査をする能力を持ち合わせていません。よって、「組合債」の発行に当たっては、日本生協連が出している「組合員借入金基準」によれば、目的を明確にした目的債とし、それに見合う資産を保全していること（余力担保能力＝（固定資産評価額－既設定抵当権等）×70％程度を限度とする）を求めています。当然、総（代）会にその状況を開示することが必要です。

これらの「負債」と「純資産」を、どのように使っているのかを示しているのが左側（借方）です。「負債」と「純資産」によって調達した資金が、形を変えて「資産」（財産）となっているのです。

「資産」は、1年以内に現金化できるものを「流動資産」、数年にわたって使われるものを「固定資産」として記載されています。

資産として、現金のまま保有しているものもありますが、多くは事業を行うために必要な施設や商品などに変わっており、それらが有効に使われているかを常に検討する必要があります。

通常、貸借対照表は、決算日当日の時点での財産目録です。当然ですが、「負債」と「純資産」の合計は「資産」の合計と一致していなければなりません。

わが生協は、お金をどう集め、どう使っているかを示す表（＝貸借対照表）

お金をどう使っているか（借方）		お金をどこから集めたか（貸方）	
資金の使途	内　訳	資金調達先	内　訳
1．現金・預金でもっている	現金 預金 有価証券	1．取引先から借りている	買掛金 未払金 未払費用
2．商品でもっている	商品	2．組合員から借りている	組合借入金
3．組合員さんに対する債権として持っている	供給未収金 △貸倒引当金	3．銀行から借りている	短期借入金 長期借入金
4．ちょっと立て替えてある	立替金 前払費用	4．組合員が出したお金	組合員出資金
5．不動産になっている	建物 △減価償却累計額 土地	5．生協の自前のお金	法定積立金 任意積立金 当期未処分剰余金
6．動産になっている	器具備品 △減価償却累計額 車両運搬費 △減価償却累計額		
7．保証金として預けてある	差入保証金 借地権		
8．他団体に預けてある	関係団体出資金		
合　計		合　計	

これまで、資産や負債を表記するにあたっては、取得時の金額を基準としてきました。現在は、減損会計基準やリース会計基準・ソフトウエア会計基準などの導入により、その資産が生み出す利益や市場価値を基準に資産の再評価が常に求められ、資産も負債も現在価値（時価）を基準にすることによって、より実態に近い財産状態を表示するようになりました。そのために、事業経営では利益を出しているにもかかわらず、資産価値の目減り等により大きな損失を計上する事例が多々発生しています。

生協が社会から認知される中で、決算関係書類は単に組合員だけに開示することが目的ではなく、あらゆる利害関係者に開示し評価を受けることが求められています。生協が、他の企業と異なった処理をすることは許されなくなっているのです。

37ページの表は、貸借対照表の科目を普段の用語に置き換えたものですので参考にしてください。

3. 損益計算書（P／L）

それでは、「損益計算書」とは何なのでしょうか?

「損益計算書」は、「貸借対照表」の「純資産」の中に記載されている「当期剰余金（もしくは損失金）」の内訳明細です。ある期間に得た「収益」から、かかった「費用」を差し引いて、どれだけの「剰余金（損失金）」が生まれたのかを計算した報告書です。

通常、総（代）会に出されるのは、貸借対照表に記載された年月日を最終日とする1年間の事業明細であり、家計における家計簿のようなものです。家計簿では、「収入」と「支出」という言葉を使いますが、損益計算書の場合は、「収益」と「費用」と表現します。

家計簿と損益計算書との大きな違いは「現金主義」と「発生主義」との違いです。

家計簿の場合は、現金や預金の動きが発生した時点で記帳します。これを「現金主義」といいます。損益計算書を作成する場合は、「取引」（商品の取引も指しますが、資産や負債・純資産が移動するすべての事象を「取引」と称します）が発生した時点で記帳します。これを「発生主義」といいます。

例えば、生協が宅配（共同購入）で商品を届けた場合、組合員からの代金は後払いになっていても、商品を届けた時点で「供給高」を計上し、一方で「供給未収金」を計上するのです。

また、銀行から借入をした当月に利息が発生した場合、その利息を後から現金で払うとしても当月の費用ですから「支払利息」を計上し、一方で「未払費用」を計上するのです。

この事例で分かるように、「取引」は常に二つの側面をもっています。この二つの側面を「借方」と「貸方」と言います。難しい専門用語ですので、覚える必要はありません。

損益計算書の表記も、前掲のような様式で表現されます。様式は40ページに資料として掲載しました。

・「当期剰余金」の算出

家計簿の場合、今月はどんな収入があり、どんな支出をしたのかを重視します。ですから、収入はすべて収入欄に収入先別に記入し、支出はすべて支出欄に費目別に記入します。詳しく家計簿をつけている人は、支出の内訳を細分化し、家計の状態を分かりやすくしています。

損益計算書は、損益の結果としての剰余金（損失金）を確定させるために作成しています。そのために、その剰余金（損失金）は、事業による剰余金（損失金）なのか、それとも事業以外の収支による剰余金（損失金）なのかを区別して計算しています。

40ページの損益計算書を見てください。5種類の剰余金が表示されています。最初に、「事業総剰余金」があります。この剰余金は供給剰余金、利用剰余金、福祉剰余金などを合計したもので、粗利益高とも呼ばれ、家計にたとえれば収入にあたります。「供給・利用高」から「仕入費や製造原価」を引いた残りです。

この事業総剰余金から、事業経費を差し引いたものが、「事業剰余金」です。これが経営の基本となる剰余金です。「入るを量りて出《い》ずるを制す」という言葉がありますが、事業総剰余金の範囲内で事業経費を支出しなけ

損益計算書

（自　○○年○○月○○日　至　○○年○○月○○日）

（単位：○円）

科　目	金　額	
供給事業		
供給高		×××
供給原価		
期首商品棚卸高	×××	
仕入高	×××	
合計	×××	
期末商品棚卸高	×××	×××
供給剰余金		×××
利用事業		
利用事業収入		×××
利用事業原価		×××
利用剰余金		×××
福祉事業		
福祉事業収入		×××
福祉事業費用		×××
福祉剰余金		×××
その他事業収入		
教育文化事業収入	×××	
配達手数料収入	×××	
共済受託収入	×××	
その他受取手数料	×××	
その他事業収入計		×××
事業総剰余金		×××
事業経費		
人件費	×××	
物件費	×××	×××
事業剰余金		×××
事業外収益		
受取利息	×××	
受取配当金	×××	
雑収入	×××	×××
事業外費用		
支払利息	×××	
雑損失	×××	×××
経常剰余金		×××
特別利益		
固定資産売却益	×××	
補助金収入	×××	
その他の特別利益	×××	×××
特別損失		
固定資産売却損	×××	
減損損失	×××	
その他の特別損失	×××	×××
税引前当期剰余金		×××
法人税等	×××	
法人税等調整額	×××	×××
当期剰余金		×××

れば利益は出ません。

しかし、事業を進めるうえでは、その事業以外の収支が発生します。預金の受取利息や借入金の支払利息、雑収入や雑損失なども発生します。そこで、これらの事業外収支を事業剰余金から差し引きした結果が「経常剰余金」です。通常の決算では、この経常剰余金が最も重視される剰余金です。

経常剰余金の下に、特別利益と特別損失を記載しています。これは、今期の事業で発生したものではない損益を記入します。

例えば、土地を売却したり、設備などを廃棄した時や、前期決算を修正した場合などに記入します。

この特別利益と特別損失を経常剰余金から差し引きしたものが「税引前当期剰余金」となり、課税対象の剰余金となります。

家計では、赤字か黒字かにかかわりなく、収入（給与）に対して税金（所得税と地方税）がかかります。法人の場合は剰余金に対して税金（法人税と地方税）が課税されるので、税引前当期剰余金から、納付すべき税額を「法人税等」と表示し、それを引いた残りを正味の利益として、最後の「当期剰余金」を計算しているのです。

このように、当期剰余金は５つの段階を経て計算されます。

当然のことですが、事業を行う上では常に予算があり、それぞれの剰余金が予算どおりに確保されていることが大切です。結果として、当期剰余金が確保されていたとしても、事業剰余金が大幅に予算割れしているのに土地の売却益が特別利益で計上されているのでは、健全な経営とはいえないのです。

なお、損益計算書はＰ／Ｌと呼ばれますが、英語のプロフィット・アンド・ロス・ステイトメントの略です。

42ページの表は、家計簿と損益計算書の費目を対照させて並べたものです。家計支出の費目を、附属明細表の

損益計算書を家計簿のスタイルに直した計算書

家計簿の場合の費目			損益計算書の科目	
収入の部	世帯主収入		供給剰余金	供給高から供給原価を差し引いた粗利益高のこと
	家族収入		利用事業剰余金	利用事業の粗利益高
			福祉事業剰余金	福祉事業の粗利益高
	その他の収入		受取利息	預金利息など
			受取配当金	連合会への出資金に対する割り戻し金など
			雑収入	その他の収入
	収入合計			
支出の部	食費	主食費	役員報酬	役員の給与
			職員給与	職員の給与・賞与
			定時職員給与	パートタイマー、アルバイターの給与
			福利厚生費	社会保険料の事業主負担分など
		副食費	退職給付費用	将来の退職金支払いのための退職給付債務の当年度の引当額
			賞与引当金繰入額	次年度に払う賞与のうち当年度の月数分
	住居費		地代家賃	土地・建物の賃借料
			リース料	オペレーティング・リース取引にかかわるリース料
			減価償却費	固定資産の減価償却分として当年度費用に計上した額
			施設管理費	固定資産の維持管理費など
	水道光熱費		水道光熱費	電気、ガス、水道料、燃料費など
	被服費		広報費	機関紙など広報費用と、チラシ折り込みなど広告費用
	保健医療費		保険料	火災保険料など
			修繕費	設備・機器の修繕費など
	理容衛生費		消耗品費	包装資材費、事務用品など
			委託料	事務委託費など
			雑費	その他の費用
	交際費		諸会費	連合会の関係団体の会費
			渉外費	来客接待などの費用
	交通・通信費		旅費交通費	役職員の出張費用
			通信費	電話料、郵便料
	教育費		教育文化費	組合員教育に関する費用
			研修採用費	職員教育に関する費用と職員採用のための費用
			会議費	総代会、理事会、各種会議の費用
	教養娯楽費		調査研究費	市場調査、商品検査、研究開発等の費用など
	職業費		供給割戻費	割引券などの費用（剰余金処分としての利用高割戻は含まない）
			租税公課	固定資産税、印紙代など
	自動車関係費		車両運搬費	業務用車両のガソリン代、維持管理費など
	その他		貸倒引当金繰入額	供給未収金に対して一定の割合で引き当てる額
	支出合計			
収支差引			事業剰余金	事業から生まれた剰余金

「事業経費明細表」と対照させてありますので参考にしてください。

4．新しい決算書類――「キャッシュ・フロー計算書」

第三の新しい財務諸表として「損益計算書」「貸借対照表」に加えて、「キャッシュ・フロー計算書」の作成が上場会社には義務付けられています。生協では任意開示の書類となっていますが、多くの企業がその事業活動を把握するうえで重要な決算書類として位置付け、その作成を重視しています。

では、「キャッシュ・フロー計算書」とは、どういったものでしょうか？

前述したとおり「損益計算書」は、発生主義という、現金の移動とは別に「取引」を捉えて作成されています。そのために「損益計算書」上は利益が出ていても、現金が足りなくなるという、俗に言う「勘定合って銭足らず」といった現象が起こるのです。

例えば、商品を販売して、その代金がなかなか入らないのに、仕入代金を払わざるを得ないような場合が発生すると、現金が足りなくなるのです。そのために、借入をしたり、受取手形を割り引いて現金化する必要があるのです。それができないと「黒字倒産」となってしまうのです。

そのために「キャッシュ・フロー計算書」は、企業の現金の動きがどうなっているかを開示するための決算書類です。

「キャッシュ・フロー計算書（間接法）」（45ページ）では、6つの項目とその内訳を表示しています。まず、キャッシュ・フロー（現金および現金同等物の動き）を3つに分けて表示し、その期間に、現金および現金同等物がいくら増減し、結果として、期首と期末の現金および現金同等物がどうなっているかを表示しているのです。

ここでいう「現金および現金同等物」とは、現金といつでも引き出し可能な当座預金や普通預金、3か月未満に満期がくる定期預金の総額を指しています。要するに、すぐに現金となる資産を表しているのです。

・3つの「キャッシュ・フロー」

まず、「事業活動キャッシュ・フロー」とは、通常の事業活動を行うことによって生まれた、現金および現金同等物の増加額（減少額）を指しています。

次の「投資活動キャッシュ・フロー」は、お店等の資産を買ったり、逆に資産を売却したりする行為、いわゆる投資を行ったことによって生じたキャッシュ・フローです。

最後の「財務活動キャッシュ・フロー」は、借入金の増減や出資金の増減など資金の調達や返済行為によって生じたキャッシュ・フローです。

「事業活動キャッシュ・フロー」と「投資活動キャッシュ・フロー」を足したものを「フリーキャッシュ・フロー」といい、この数値がマイナスにならない、つまり、事業によって生まれた資金の範囲内で投資をすることを「キャッシュ・フロー経営」と呼び、企業活動における資金の安全性を保証する経営手法とされています。

キャッシュフロー計算書（間接法）

（単位：○円）

Ⅰ　事業活動によるキャッシュ・フロー	
税引前当期剰余金	×××
減価償却費	×××
貸倒引当金の増加額	×××
賞与引当金の増加額	×××
退職給付引当金の増加額	×××
役員退職慰労引当金の増加額	×××
受取利息及び受取配当金	△×××
支払利息	×××
有価証券売却益	△×××
有形固定資産売却益	△×××
有形固定資産除却損	×××
供給債権の増加額	△×××
棚卸資産の減少額	×××
仕入債務の減少額	△×××
…	×××
小　　計	×××
利息及び配当金の受領額	×××
利息の支払額	△×××
…	×××
法人税等の支払額	△×××
事業活動によるキャッシュ・フロー	×××
Ⅱ　投資活動によるキャッシュ・フロー	
有価証券の取得による支出	△×××
有価証券の売却による収入	×××
有形固定資産の取得による支出	△×××
有形固定資産の売却による収入	×××
関係団体等出資金の出資による支出	△×××
関係団体等出資金の減資・脱退による収入	×××
長期保有有価証券の取得による支出	△×××
長期保有有価証券の売却による収入	×××
貸付による支出	△×××
貸付金の回収による収入	×××
…	×××
投資活動によるキャッシュ・フロー	×××
Ⅲ　財務活動によるキャッシュ・フロー	
短期借入金の増加額	×××
リース債務の返済による支出	△×××
長期借入れによる収入	×××
長期借入金の返済による支出	△×××
組合員借入金による収入	×××
組合員借入金の償還による支出	△×××
出資預り金の増加額	×××
出資金の増資による収入	×××
出資金の減資による支出	△×××
配当金の支払額	△×××
…	×××
財務活動によるキャッシュ・フロー	×××
Ⅳ　現金及び現金同等物の増加額	×××
Ⅴ　現金及び現金同等物の期首残高	×××
Ⅵ　現金及び現金同等物の期末残高	×××

5. グループの経営状況を示す――「連結決算書」

「貸借対照表」「損益計算書」と「キャシュ・フロー計算書」が、決算を開示するうえで重要な書類であることはもちろんですが、企業規模の拡大の中で、それだけでは、企業の実態を把握するのが困難になってきました。

また一方で、市場の国際化の中で、国内企業の海外進出とともに、海外の投資家による日本企業への投資活動が活発となり、日本の国内基準ではなく、世界的な基準による情報開示が求められ、企業実態を開示する上で国際的に通用する決算をする必要が出てきました。

そのような背景の中で「連結経営」が重視され、「連結財務諸表」の開示が求められています。

これまで企業は、単体で決算を開示してきましたが、子会社や関連会社を数多く抱えるようになり、親子間の取引が企業の収益に大きな影響を与えるようになっています。そのために、企業単体の決算ではなく、子会社・関連会社を含めた企業グループとしての決算を親会社が開示する必要が出てきました。現在、上場企業には連結決算の開示が義務付けられ、かつ連結決算書類が基本の開示書類となり、企業単体の決算は付け足しの書類となっているのです。

生協でも、いくつもの子会社等を持ち、事業の一部をその会社が行っている例が増えています。なかには、その子会社の損益が、生協の利益に大きな影響を及ぼす事例も出てきています。

生協法では、共済事業を行う法人以外には「連結決算」を義務付けていません。しかしながら、生協法人単体は健全でも、子会社等で大きな負債を抱えているにもかかわらず、出資配当や利用高割戻を行うことは、理事の善管注意義務からして問題があります。そのために、附属明細書で取引内容やそれぞれの決算の開示が義務付けられていますが、子会社等・関連会社等を含めた「連結決算書」を自主的に作成し、理事会や組合員に生協の実態を正確に把握し、開示する必要があります。

生協法施行規則では子法人等及び関連法人等を次のように規定しています。

(1)子会社等とは、以下の法人をさします。

①組合が議決権の過半数を所有している法人、

②議決権の40％以上50％未満を保有し、

i．組合と意思を同一とするものと合わせて議決権の過半を保有している、

ii．組合の役員等が取締役会等の過半を占める、

iii．その他

(2)関連会社等とは、以下の法人をさします。

①組合が議決権の20％以上を保有している法人、

②議決権の15％以上20％未満を保有し、

i．組合の役員等が代表取締役、取締役等に就任している、

ii．組合から重要な融資を受けていたり技術提供を受けている等、

iii．組合と意思を同一とするものと合わせて議決権の20％以上を保有していて、i、ii等に該当する重要な取引等で支配力を行使できる法人。

出資額を20％未満として、子会社等や関連法人等ではないとしている場合がありますが、単に出資関係だけではなく、その関連会社との取引関係や実効的支配の実態をもって、子会社等・関連会社等かを判断することが必要です。

まず、19％や18％といった出資額にしていることは不自然だと思うことが必要です。また、職員に貸付をして、その職員が出資をしているなど、巧妙に開示しないための措置をとっている事例もあり、留意が必要です。

連結決算関係書類には「連結損益計算書」「連結貸借対照表」「連結純資産変動計算書」があり、当然「連結キャッシュ・フロー計算書」も作成する必要があります。生協と子会社等の間での取引を相殺して組合グループの実態を表示するものであり、組合グループとしての現状を明確にするうえで重要な決算書類であることを認識することが重要です。

6. 会計処理の方針は？――「注記」を読む

決算関係書類には、前述のように数字の固まりのような書類がたくさんあるのですが、その中で、決算をどのような基準で行い、または表示しているかを文書で記載している欄があります。いわゆる、「注記」といわれるものです。

この「注記」で会計処理の方針にかかわる事項として記載されている内容は、基本的には企業会計で採用されているものと同じですが、決算を行うに当たって、どのような方針を採用しているかは、企業ごとに違っています。収益や費用の計上に当たって、極めて保守的な基準を採用している企業もあれば、逆に、その基準を緩めて、見かけの利益をよくしようとしている場合もあります。

採用している方針や基準によって、利益の計上額が変わってきますので、比較するためには、採用している会計処理の基準を考慮して判断しなければ、適切な判断とはならない場合があるのです。

それでは、会計処理の方針や基準とは具体的には何を指すのでしょうか。一つは、収益と費用の計上の基準であり、もう一つは資産や負債を評価する基準です。

「重要な会計方針にかかる事項」として、⑴資産の評価基準および評価方法、⑵固定資産の減価償却の方法、⑶引当金の計上基準、⑷収益および費用の計上基準、⑸その他決算関係書類の作成のための基本となる重要な事項、を開示することが、生協法施行規則１１２条で義務付けられており、表示方法や見積もりの変更にかかる事項等の記載が必要とされています。

また、近年の社会的な会計基準の変更に伴い、退職給付会計、税効果会計、リース資産会計、金融商品会計、資産除去債務や賃貸等不動産に関する注記等が加わり、今後も新たな会計基準の採用が見込まれており、その都度、決算における透明性確保が課題となっています。

生協法の改正前は、これらの方針を、各生協が任意に決めており、税法の規定にしたがって算出をしてきた事例が多いのですが、本来、税法は企業間の課税に当たっての公平性を確保するための基準であり、必ずしも適切な処理とはいえません。

会計処理方針は、極力経営実態を反映する基準を採用すべきであり、前述のように生協法施行規則では、決算関係書類の作成に当たって、その第66条で、「一般に公正妥当と認められる会計の慣行をしん酌しなければならない」とされています。

企業会計の基準では、極力負債性の高いもの（貸倒引当金や賞与引当金、退職給付引当金など）は全額計上するようになっており、資産の評価に当たっては実質的な価値を採用するようになってきています。

会計処理方針の注記事項の内容は、その生協の経営方針であるとともに、体力を示しているといえます。本来は、適切な処理方針を採用して経営実態を明らかにし、経営改善を図るのが経営者の在り方であり、会計処理方針を厳しいものとすることによって、利益が出なくなることを恐れるのではなく、実態を明らかにして改善を進めることが求められています。

7. 事業所ごとの結果は？

総代会に開示を義務付けられている決算書類は、その生協の事業総合計を表示しています。しかし、生協の事業が量的に増え、事業領域を拡大している中で、総代会の決算書類だけで生協の経営内容を判断するには無理があります。

事業総合計以外の経営情報として、各生協は商品部門別の商品管理表（粗利益計算書）や事業所別の損益計算書、店舗商品部門別損益計算書等を作成しています。

このような情報を作成するのは、各部門や事業所の業績を明らかにし、経営の問題点を明らかにするとともに、その事業を担当している事業所ごとの業績や職員の仕事の成果を明らかにすることを目的としています。このような会計情報を、企業の会計処理である「財務会計」に対し「管理会計」といいます。

「管理会計」は、様式が決まっているわけではありません。あくまでも事業を進めるための管理資料であり、何を管理点とするかによってさまざまな帳票が使われているのです。

代表的なものは、事業所ごとの利益の状態を表す「事業所別損益計算書」や、商品部門別の利益の確保状況を表す「商品管理表」です。

また、店舗事業においては、商品部門ごとの利益を管理するために「部門別損益計算書」が作られています。「管理会計」は「財務会計」と異なり、その数値をもってそれぞれの事業評価を行うためのものです。また、事業経営を改善する上での判断をより正確にするために、金額情報以外の情報を加えています。

例えば、労働投下時間を加えて各部門の生産性を計ったり、売場面積の情報を加えて売場の生産性を明らかにする場合もあります。また、組合員の利用状況を知るために、客数や客単価、利用点数や1点当たりの単価を使い、どの数値が悪化しているか、良くなっているかを明らかにして対策を考えるのです。

これらは、仕事の目標を達成するために必要な数値として管理するものです。経営分析に当たっては、これらの数値を見る必要があります。

管理会計帳票のサンプル①

事務所別損益計算書　○○年○○月○○日～▲▲年▲▲月▲▲日

単位　千円	○○支部					△△支部					宅配物流センター					宅配合計				
	当月実績	当月予算	昨年実績	予算比	昨年比	当月実績	当月予算	昨年実績	予算比	昨年比	当月実績	当月予算	昨年実績	予算比	昨年比	当月実績	当月予算	昨年実績	予算比	昨年比
供給高																				
粗利益高																				
人件費																				
物件費																				
直接剰余																				
本部管理費																				
事業外収益																				
事業外費用																				
経常剰余																				
客数																				
客単価																				
点数																				
点単価																				
正規職員																				
定時職員																				
総労働時間																				
人事供給高																				
人事粗利益高																				

単位　千円	○○店					△△店					××店					店舗合計				
	当月実績	当月予算	昨年実績	予算比	昨年比	当月実績	当月予算	昨年実績	予算比	昨年比	当月実績	当月予算	昨年実績	予算比	昨年比	当月実績	当月予算	昨年実績	予算比	昨年比
供給高																				
粗利益高																				
人件費																				
物件費																				
直接剰余																				
本部管理費																				
事業外収益																				
事業外費用																				
経常剰余																				
客数																				
客単価																				
点数																				
点単価																				
正規職員																				
定時職員																				
総労働時間																				
人事供給高																				
人事粗利益高																				

単位　千円	店舗合計					宅配合計					本部					総合計				
	当月実績	当月予算	昨年実績	予算比	昨年比	当月実績	当月予算	昨年実績	予算比	昨年比	当月実績	当月予算	昨年実績	予算比	昨年比	当月実績	当月予算	昨年実績	予算比	昨年比
供給高																				
粗利益高																				
人件費																				
物件費																				
直接剰余																				
本部管理費																				
事業外収益																				
事業外費用																				
経常剰余																				
客数																				
客単価																				
点数																				
点単価																				
正規職員																				
定時職員																				
総労働時間																				
人事供給高																				
人事粗利益高																				

管理会計帳票のサンプル②

年　月　日～年　月　日　　　　単位　円

部門	売価	期首在庫高	供給高	期中仕入高	価格変更高	期末在庫高	粗利益高	特売値引	破棄ロス	不明ロス	粗利益率	値引率	商品回転率
	原価										ロス率	破棄率	交叉比率
農産													
水産													
家庭雑貨													
合計													

注：交叉比率＝粗利益率×商品回転率　で商品在庫の収益貢献度を示す数値です。ＳＭの場合24％×24回で576が平均？

管理会計帳票のサンプル③

○○店部門別損益計算書　○○年○○月○○日～▲▲年▲▲月▲▲日

単位　千円	農産部門					畜産部門					水産部門					店舗合計				
	当月実績	当月予算	昨年実績	予算比	昨年比	当月実績	当月予算	昨年実績	予算比	昨年比	当月実績	当月予算	昨年実績	予算比	昨年比	当月実績	当月予算	昨年実績	予算比	昨年比
供給高																				
粗利益高																				
人件費																				
物件費																				
直接剰余																				
本部管理費																				
事業外収益																				
事業外費用																				
経常剰余																				
客数																				
客単価																				
点数																				
点単価																				
正規職員																				
定時職員																				
総労働時間																				
人事供給高																				
人事粗利益高																				

○○地区部門別損益計算書　○○年○○月○○日～▲▲年▲▲月▲▲日

単位　千円	○○店					△△店					××店					店舗合計				
	当月実績	当月予算	昨年実績	予算比	昨年比	当月実績	当月予算	昨年実績	予算比	昨年比	当月実績	当月予算	昨年実績	予算比	昨年比	当月実績	当月予算	昨年実績	予算比	昨年比
供給高																				
粗利益高																				
人件費																				
物件費																				
直接剰余																				
本部管理費																				
事業外収益																				
事業外費用																				
経常剰余																				
客数																				
客単価																				
点数																				
点単価																				
正規職員																				
定時職員																				
総労働時間																				
人事供給高																				
人事粗利益高																				

店舗合計部門損益計算書　○○年○○月○○日～▲▲年▲▲月▲▲日

単位　千円	店舗合計					宅配合計					本部					総合計				
	当月実績	当月予算	昨年実績	予算比	昨年比	当月実績	当月予算	昨年実績	予算比	昨年比	当月実績	当月予算	昨年実績	予算比	昨年比	当月実績	当月予算	昨年実績	予算比	昨年比
供給高																				
粗利益高																				
人件費																				
物件費																				
直接剰余																				
本部管理費																				
事業外収益																				
事業外費用																				
経常剰余																				
客数																				
客単価																				
点数																				
点単価																				
正規職員																				
定時職員																				
総労働時間																				
人事供給高																				
人事粗利益高																				

Ⅳ．経営の実態はどう分析したらよいのか？

1．経営状態が示す兆候

「経営分析は難しい」と思っている方が多いのですが、そんなことはありません。わざわざ難しくして、分からなくしている人が大勢いるからです。あなたも一度挑戦してみてください。

経営を分析するに当たっては、何のために、どういったことを知りたいのかを、まずはっきりさせておかなければなりません。生協がそれぞれの地域で行っている活動はさまざまな分野にわたっています。地域の経済活動としての商品供給はもちろんのこと、地域コミュニティの一員として、環境や福祉問題などについて幅広い活動に取り組んでいます。

また、経営分析をするに当たって、自生協の決算数値だけでは分析資料としては不十分です。自生協の数字が良いのか悪いのかは、指標との関係でも分析はできますが、その問題点を分析するには比較する対象が必要です。他生協の決算や同業者のデータの取得が必要となります。

生協の決算は組合員に公開されており、比較したい生協に依頼して取り寄せることができます。まれに、要請に応えてくれない生協があるかもしれませんが、同業他社の決算は上場している企業であれば同様に公開されています。昔は冊子で販売されていましたが、今はインターネットの時代です。金融庁のホームページからＥＤＩＮＥＴ（http://info.edinet-fsa.go.jp/）に入って、必要な企業の有価証券報告書を取得してください。

本書では、生協の経営の健全性に視点に合わせた分析を中心としていますが、本来の生協運動全般を分析するためには、他にもいろいろなことを検討する必要があるということは覚えておいてください。

・第一は「収益性」

さて、経営の健全性を見る視点の第一は「収益性」です。生協の事業にとって利益は目的ではありませんが、生協が事業活動を続ける上で、必要な利益なくしては存続が不可能なのです。それでは、生協に必要な利益とはいかほどなのでしょうか。

生協が、事業を続けるかぎり、第一に出資者である組合員に対する還元ができなければなりません。還元の一つが出資配当、もう一つが利用割り戻しです。

商品で還元をしているから出資配当など必要ない、といわれる方がいるかもしれません。しかし、組合員がその資金を他に預ければ、当然なんらかの収益を得られるのです。その収益を最低保障できなければ、経営としての責任を果たしていることになりません。最低でも、一定期間の定期預金金利以上の配当は必要です。

二つめの利用割戻は、生協によって違いますが、期末の割戻として1％以上は行いたいものです。

・第二は、「利益」

第二に、生協の経営の健全性と永続性を確保するための、内部留保（組合員共有の資本）充実のための利益が必要です。生協法では、法定準備金として、最低、出資金額の2分の1まで積み立てることが求められています（それぞれの生協の定款で定めていますが、最低2分の1までという意味です。定款を改定して出資金総額までとしても差し支えありません）。

その他、生協の資産を保有するに当たっての安定した資金として、任意の積立金を確保しておく必要があります。これらの内部留保は、生協として長期的な事業運営を行うための資本として、計画的に蓄積しておく必要があります。

配当と内部留保に必要な利益には税金がかかります。「税金を払うくらいなら割り戻しで組合員に還元する」と言われる方もいますが、その瞬間はそれで良くても、長期的に見ると、内部留保がなければ金融機関からの借入に大きく依存した投資を行わざるを得ません。借入は金利を支払いますから、長期で見れば、税金を払った後は金利の必要がない内部留保が充実しているほうが安定した継続的発展を保証する一つの要因となるのです。これらを、継続的に行うためには、３％以上の経常剰余率が必要といわれています。

利益とは、組合員還元と長期的発展の源泉なのです。経営分析は、経営を安定させるための利益を確保することを目的に行われます。

２．伸長率分析と構成比分析

・経営分析の基本は経年変化

経営がどうなっているか、悪くなっているか、良くなっているのかを知るために行う、経営分析の基本は経年変化です。

何が正しいとか、どういう水準が良いとかは二の次です。まず、３年分、できれば5年分の総代会決算資料を

損益計算書（P／L）の経年変化

	2007年	2008年	2009年	2010年	2011年
総事業高	17,808,699	18,354,895	18,356,392	19,024,669	19,115,356
供給高	17,031,470	17,558,916	17,717,950	18,339,539	18,403,422
供給剰余金	3,987,325	4,056,496	4,097,993	4,191,286	4,246,357
利用剰余金	30,632	21,911	20,195	20,755	20,382
福祉剰余金	233,377	210,650	45,878	44,443	48,344
その他事業収入計	321,989	365,358	461,158	501,832	520,441
事業総剰余金	4,573,323	4,654,315	4,625,224	4,758,316	4,835,523
事業経費	4,323,503	4,534,027	4,533,635	4,664,150	4,636,387
人件費	1,824,656	1,895,724	905,954	1,982,833	1,956,687
物件費	2,483,883	2,621,540	2,623,692	2,676,918	2,676,451
事業剰余金	249,820	120,288	91,589	94,166	199,136
事業外収支計	50,791	61,386	60,226	51,105	58,716
経常剰余金	300,612	181,673	151,815	145,271	257,852
供給剰余率	23.4%	23.1%	23.1%	22.9%	23.1%
事業総剰余金率	25.7%	25.4%	25.2%	25.0%	25.3%
人件費率	10.2%	10.3%	4.9%	10.4%	10.2%
物件費率	13.9%	14.3%	14.3%	14.1%	14.0%
事業剰余率	1.4%	0.7%	0.5%	0.5%	1.0%
経常剰余率	1.7%	1.0%	0.8%	0.8%	1.3%
稼働時間合計	1,071,792	1,094,904	1,124,496	1,170,504	1,151,064
正規職員数	173	177	181	186	183
正規残業時間	51,900	53,100	54,300	55,800	54,900
定時稼働時間	646,212	659,484	679,236	712,944	700,884
時間当り供給高	15,891	16,037	15,756	15,668	15,988
時間当り事業剰余高	4,267	4,251	4,113	4,065	4,201
労働分配率	39.9%	40.7%	19.6%	41.7%	40.5%
売場面積（坪）	4,291	4,703	4,793	5,125	5,089
年坪当り供給高	2,832	2,724	2,652	2,520	2,532
客数（店舗）	4,158	4,076	3,996	3,918	3,841
客単価（円）	2,065	2,062	2,059	2,050	2,056
点単価（円）	202.5	204.2	203.9	201.0	203.6
一人当り供給点数	10.2	10.1	10.1	10.2	10.1
客数（宅配）	2,079	2,111	2,143	2,175	2,209
客単価（円）	5,071	5,062	5,054	5,046	5,039
点単価（円）	349.7	351.5	348.6	355.4	358.5
一人当り供給点数	14.5	14.4	14.5	14.2	14.1

貸借対照表（B／S）の経年変化

	2007年	2008年	2009年	2010年	2011年
Ⅰ流動資産	3,602,378	3,649,157	3,748,298	4,014,764	4,276,739
現金預金	1,963,803	1,921,056	1,966,898	2,192,557	2,208,707
供給未収金	929,312	976,814	998,506	1,020,879	11,011,084
商品	213,326	249,672	214,352	194,556	210,423
Ⅱ固定資産	5,432,328	5,718,143	5,649,220	5,948,727	5,872,333
有形固定資産	3,607,644	3,689,496	3,599,150	3,797,715	3,760,173
無形固定資産	122,254	127,934	120,169	109,136	117,706
Ⅲ資産合計	9,041,021	9,368,847	9,397,892	9,962,333	10,148,764
Ⅳ流動負債	2,826,053	285,769	2,788,953	2,968,928	3,069,107
買掛金	1,590,982	1,582,286	1,514,831	1,628,974	1,727,588
短期借入金	296,304	282,743	294,019	297,780	273,370
賞与引当金	69,175	64,812	64,849	67,927	68,898
Ⅴ固定負債	976,932	1,127,730	1,182,619	1,279,869	1,228,462
長期借入金	537,497	607,794	661,956	655,434	577,141
退職給付引当金	289,390	327,155	327,946	351,031	355,852
役員退職引当金	1,328	1,345	1,205	1,108	1,258
Ⅵ純資産合計	5,237,430	5,395,348	5,426,321	5,713,536	5,851,194
出資金	3,755,512	3,876,412	4,021,549	4,333,915	4,417,423
剰余金	1,481,918	1,519,150	1,405,229	1,380,478	1,437,258
法定準備金	836,171	890,382	957,276	1,019,917	1,007,042
任意積立金	543,447	609,019	531,884	557,054	526,412
繰越剰余金	29,199	−52,587	−186,041	−220,014	−121,774
負債・純資産合計	9,041,021	9,368,847	9,397,892	9,952,333	10,148,764
資産回転率	2.0	2.0	2.0	1.9	1.9
総資産経常剰余率	3.3%	1.9%	1.6%	1.5%	2.5%
流動比率	127.5%	1277.0%	134.4%	135.2%	139.3%
固定比率	103.7%	106.0%	104.1%	104.1%	100.4%
長期固定適合率	87.4%	87.7%	85.5%	85.1%	82.9%

キャッシュ・フローの経年変化

	2007年	2008年	2009年	2010年	2011年
Ⅰ事業活動によるキャッシュ・フロー	687,781	388,269	287,445	415,847	551,309
Ⅱ投資活動によるキャッシュ・フロー	−671,394	−518,042	−360,786	−278,482	−281,592
Ⅲ財務活動によるキャッシュ・フロー	−1,829	−39,759	80,798	69,779	−50,896
Ⅳ現金及び現金同等物の増加額	14,484	−169,521	7,392	207,056	386,826
Ⅴ現金及び現金同等物の期首残高	3,710,736	3,725,220	3,555,699	3,563,091	3,770,147
Ⅵ現金及び現金同等物の期末残高	3,725,220	3,555,699	3,563,091	3,770,147	4,156,973

集めてください。そして、58~59ページのような表を作ってください。その表の中のいくつかの計算式とその意味が分かれば、いま、あなたの生協がどういう状況にあるのかが一目瞭然になるのです。

経営分析を行うには、3種類の分析を行いますが、この表は、伸長率分析と構成比分析を行うものです。

損益計算書からとった事業高から経常剰余金までは、それぞれの数値を事業高で割って構成比を算出します。その数値は、総事業剰余率とか経常剰余率と呼ばれます。

もう一つは、事業総剰余金で割って分配率を算出します。この数値は、労働分配率（人件費分配率）とか、経常剰余分配率と呼ばれます。

また、貸借対照表からとった数値は、総資産で割った数値を構成比として算出します。

前年伸長率は、その年度の数値を前年の数値で割ったものです。分かりやすくするために、すべてパーセント（％）で表示します。効率を表す指標がありますが、後で出てきますのでそこを参照してください。

・「入るを量りて、出ずるを制す」

これらの数値が、年度を追ってどう変化しているのかを見れば、経営が良くなっているのか、悪くなっているのかがすぐに分かります。「経営は生きものです」から、今年の決算数値を見ただけでは分からないことが多いのです。経年変化を追いながら、今年だけの特殊な出来事なのか、傾向として変化しているのかを見ることが重要なのです。

例えば、事業高の前年比が年度を追って増加していれば、その生協は成長しているし、１００％を切っていれば後退しているのです。

ただし、「事業高の成長＝経営が良くなっている」とは必ずしも言えません。経常剰余金の構成比（経常剰余率）が年々大きくなっていれば収益性が向上しており、逆に低下しつつあれば経営が悪化しているのです。また、経常剰余率が今年度は悪かった場合でも、特別な事情で事業総剰余金が悪かったり、事業経費率が高かったことによる場合もあります。

「事業を成長させつつ、安定した利益を確保する」ことが経営に求められている限り（時には、事業の一部縮小によって、収益性を改善することが必要な場合もありますが）、経常剰余金などの剰余金の構成比や前年伸長率を改善できているかどうかが経営を判断する物差しです。その数値を悪化させている要因を、この表から読み取ることができるのです。

分配率は、稼いだ利益をどう配分しているのかを教えてくれます。一般的に、経常剰余分配率を10～15％とし、経費を85～90％以内に収めることが経営にとって必要な数値です。とりわけ、小売事業は労働分配率（人件費分配率）が40％前後であり、システム化が進んでいるかどうかによって物件費分配率との配分が変わるのが普通です。

ここで気を付けないといけないのが、委託業務の増大です。昔は、ほとんどの事業を直接雇用の職員が担っていましたが、現在は委託業者による配送や事業運営が増えてきています。そのことは労働分配率を下げているのに利益率は上がらない結果を招いているかもしれません。いずれにしろ、経年変化により、そのことが経営にとってプラスなのかマイナスなのかを判断することができるのです。

人件費や物件費の伸長率が事業高の伸長率を超えていたり、労働分配率や物件費分配率が、同じような事業を行っている企業に比較して、大きく異なっているような場合は問題があります。

（成長性・発展性指標）

事業高伸長率（%）	＝当年事業高÷前年事業高×１００
経常剰余伸長率（%）	＝当年経常剰余金÷前年経常剰余金×１００
総資産伸長率（%）	＝当年総資産÷前年総資産×１００

（収益性・効率性指標）

事業総剰余率（%）	＝事業総剰余金÷事業高×１００
経常剰余率（%）	＝経常剰余金÷事業高×１００
労働分配率（%）	＝人件費÷事業総剰余金×１００
物件費分配率（%）	＝物件費÷事業総剰余金×１００

また、供給伸長率より総資産の伸長率が異常に高かったりすれば、資産の効率が悪化しており、経営は悪くなります。「入るを量りて、出《い》ずるを制す」（収入の伸びの範囲で費用を使い、資産を保有する）が、ここでも判断の大きな物差しなのです。

この構成比分析と伸長率分析で重要な数値を算出する計算式を、もう一度整理すると上のようになります。

経年変化の表の中から、上記の数値がどう変化しているのかを見ることによって、あなたの生協の成長性と収益性が分かりますし、今のままであれば、今年、来年はどのようになるだろうと予測ができるのです。

経営分析は、過去と現在の数値を対象としています。しかしながら、過去は取り戻せません。経営に失敗はつきものであり、成功する確率より失敗する確率の方が高いのも事実です。経年変化は、過去の推移から明日に向けての予測と、変えるべき対象を明確にするために行うものです。

自己資本比率（％）＝純資産÷総資産×１００
剰余金比率（％）　＝（純資産－出資金）÷総資産×１００

３．相互比較分析とは？

生協の経営がどのように変化し、何が問題かは前述の構成比と伸長率（前年比）分析で、ほとんど分かるのですが、他の企業や生協との比較で果たしてどのレベルにあるのかは、二つの分析だけでは分かりません。

そこで、いくつかの数値を組み合わせて、現在の生協の経営状態を分析するのが相互比較分析です。

相互比較分析には非常に多くの手法がありますが、ここでは、その中で基本となるいくつかを紹介したいと思います。

まず、生協の経営の安全性を測る物差しとして、資産構成の評価を行うために、自己資本比率、流動比率、固定比率、長期固定適合率といったものが使われます。

・自己資本比率、剰余金比率

自己資本比率は、当然ですが、高いほど経営の安全性が高いといえます。他人資本をあまり使っていないからです。ただし、純資産（自己資本）の中身がほとんど出資金で、法定準備金などの剰余金がほとんどなければ、出資配当をする対象である資金が多いため、配当に必要な利益を多額に必要とするといえます。

流動比率（%）	＝流動資産÷流動負債×１００

固定比率（%）	＝固定資産÷純資産合計×１００
長期固定適合率（%）	＝固定資産÷（固定負債＋純資産）×１００

また、出資金は年度末の3か月前に申し出れば減資が可能となっており、ときとして短期借入資金と考えざるを得ない資金とも言えます。経営の安全性を判断する場合、純資産から出資金を除いた剰余金の構成比を重視する必要があります。本書では、剰余金比率として、計算式を記載しています。

・流動比率、固定比率、長期固定適合率

流動比率は、1年以内に支払うべき債務金額と1年以内に現金化される資金のバランスを計るもので、１００を超えていれば、支払うべき資金に余裕があるといえます。

固定比率と、長期固定適合率は設備投資をして保有している資産（固定資産）を、安定した資金である長期資金（固定負債）と自己資金（純資産）で賄っているかどうかを示すものです。

欧米では純資産を重視し長期借入資金に依存しないため、固定比率、長期固定適合率とも１００以下であることが望ましいとされています。日本では銀行からの長期融資によって資金調達を行う企業（生協）が多いため、長期固定適合率で１００以下を適切な水準としています。

・総資産経常剰余率、純資産（自己資本）経常剰余率

第二の相互比較分析は収益性を計るものです。このためには、総資産経常剰余率、純資産経常剰余率を基本としています。

$$
\textbf{総資産経常剰余率} = \text{経常剰余金} \div \text{総資産} \times 100
$$

$$
= \frac{\text{経常剰余金}}{\text{総事業高}} \div \frac{\text{総事業高}}{\text{総資産}} \times 100
$$

$$
= \text{経常剰余率} \div \text{総資産回転率} \times 100
$$

$$
\textbf{純資産経常剰余率} = \text{経常剰余金} \div \text{純資産} \times 100
$$

総資産経常剰余率、純資産経常剰余率の計算式は上のとおりです。

・組合員の財産を守る

一般に収益性といった場合、経常剰余率（構成比分析で分かる数値）を思い浮べますが、経営として考える場合は、投下した資金の面から考えます。出資金や借入金で資金を調達して事業に投下し、その見返りとしての収益が妥当なのかどうかを考えるのです。

当然ですが、調達した資金にはコストがかかっています。調達資金コスト以上の利益を確保しなければ、事業をやめて他に投資をしたほうが、組合員の財産を守るという立場から言えば正しい選択ともいえるのです。

過去の蓄積による内部留保資金は、金利はかからないのですが、コストがかからないとは言えません。自己の事業に投資せずに別のところに預けておけば利回りがあるわけです。資金を預かっている限り、それ以上の利回りを必要としている資金と考えなければなりません。

つまり、内部留保も自己の事業でその利回り以上の収益を上げていなければ、組合員の資産を無駄に使っているといえるのです。

資産の運用によって得た収益が経常剰余金で、総資産の利回りが総資産経常剰余率、つまり、借入金等の他人資本も含めての運用利回りなのです。この数値は、最低でも銀行の定期預金金利以上であることが必要です。なぜなら、資金のすべてを銀行に預けて得られる収益の方が高ければ、事業によって生まれる付加価値が預金より少ないと考えられるからです。金利は、高い時期と低い時期がありますから、指標としては、10％前後をめざす必要が本当はあるのですが、当面の目標として7・5％を超えるために努力すべきです。

65ページのカコミには、総資産経常剰余率を求める計算式を3つ並べてありますが、損益計算書上で収益性を計る物差しである経常剰余率の改善と、資産を有効に活用している指標である総資産回転率の二つを改善することが、総資産経常剰余率を改善する要素であることを示しています。

4．決算書だけでは分からないこともある

・労働生産性、商品回転率、総事業高

その他に比較相互分析を行うものとして、決算書以外の数値を含めて分析をしなくてはいけないものがあります。年度の決算書類の中には数々の情報が開示されています。場合によっては決算書類以外の情報も必要ですが、事業の運営が効率的に行われているかどうかを見るために、次の3点は分析したいものです。

第一は、労働生産性という指標です。

事業の推進に当たっては、当然ですが多くの職員が携わっています。お金と同時に人を資源として利用しており、全ての事業はここに投下された資源を効率的に運用しているかどうかにかかっているのです。

そのために、働いている人が1人当たりどれだけのものを生産、もしくは販売しているのかを計る必要があり

労働生産性＝事業総剰余金÷平均稼動人員（残業も含む）

１人当たりの人件費＝労働生産性×労働分配率

$$= \frac{\text{事業総剰余金}}{\text{平均稼動人員}} \times \frac{\text{人件費}}{\text{事業総剰余金}}$$

商品回転率＝総事業高÷｛(期首在庫＋期末在庫）÷2｝

総事業高（円）＝利用人数（客数）×客単価

客単価　（円）＝利用点数×点単価

ます。このために労働生産性という指標を使います。

労働生産性は、１人当たりの職員が事業の中で生み出した付加価値です。どの事業も、その事業を通じて付加価値を作り出しています。企業間の競争は、この付加価値の多寡を競いあっているものです。

この労働生産性に、前述の労働分配率（人件費÷事業総剰余×100）を掛けると、その企業（生協）の１人当たり人件費が求められます。

第二は、商品回転率の指標です。

店舗や宅配（共同購入）で扱っている商品は、組合員によって利用されて初めて価値があります。商品によっては、年間に数個売れるかどうかといった商品もあるのです。そのために、年間の商品の回転数を目安にその効率を測ります。スーパーマーケットの場合、年間で24回以上が最低の目安といわれます。

第三は、総事業高の指標です。

これは事業の利用の状況ですが、総事業高を左右する利用人数と１回当たりの利用高の二つの要素がどうなっているのかを、前述の経年変化で見ることが重要です。

・利用人数は事業上の最重要数値

利用人数は、事業の上では最も重要な数値です。生協の事業が組合員から信頼され、評価されているかを測る上では、毎日の事業利用人数こそ増えている必要があるのです。この数値の前年比較や、経年比較こそ、本当に信頼を得ているかどうかを知る上で客観的な数値といえます。

客単価の変動からは、1人当たりの利用点数が変化しているのか、商品1点当たりの平均単価が変化しているのかによって、生協の事業活動や組合員の消費指向がどうなっているのかを読み取ることができます。最近は、「商品の価格は消費者が決める」といわれています。生協が、この値段で供給したいと思っていても、組合員が納得せず、結果として特売の商品だけしか供給できていないといったこともあります。つまり、商品の価格は、組合員が納得した場合にしか意味をなしていないといえます。

客単価の変化の傾向を捉え、事業の進め方を見直す必要があります。商品価格が下がることは良いことですが、事業としては利用点数を増やして客単価の維持と向上をはかる努力が必要なのです。

5. 生協の特徴を分析する

生協の経営は、事業の発展だけでその評価をすることはできません。生協が組合員の利用に支えられている限り、その組合員の動態を計る必要があります。

組合員の動態の最大の指標は、当然ながら、組合員数の増加率です。

組合員数の伸びは、生協の地域における活動に対する信頼を反映しています。地域ごとに違いますが、地域住

組合員増加率（％）＝（期末組合員数－期首組合員数）÷期首組合員数
組合員１人当たり利用高（円）＝総事業高÷｛(期首組合員数
＋期末組合員数）÷２｝

民の人口移動を組合員動態が反映しているかどうかを考慮する必要があります。それぞれの自治体ごとに人口動態を発表していますが、人口の流入率以上に生協への加入があるかどうかが重要な指標かと思います。

同時に、組合員の利用がどうなっているのかも重要な指標です。組合員1人当たりの年間利用高を計算し、この数値が、前年より伸びているのかどうかが問題となるのです。

さらに、組合員が生協を利用している比率、1世帯当たりの年間消費額との比較をするのも良いかもしれません。ちなみに、生協の行っている家計簿調査によれば、２０１１年度の１世帯当たり消費支出は、月４０５，９９８円であり、そのうち、食料品支出は６４，９６７円、年間で約78万円となっています。

経営分析は、その生協の経営状態を知るものですが、必ずしも数字だけですべてが分かるわけではありません。それぞれの生協が培った歴史や、その組織がもっている価値観によって判断しなければならない要素があります。

また、その組織の風土や人材等を含めて総合的に判断する必要があります。いずれにしても、「わが生協に限って」という先入観をもたずに、一度、自らの生協の〝棚卸し〟をしてみてください。

6. 粉飾は経営破綻の道

「粉飾決算」という言葉が時折、新聞紙上を賑わせます。企業や生協が経営破綻をするたびに、必ずといってよいほど「粉飾決算」が問題となります。

「粉飾決算」とは決算書の内容を操作して利益を出して、その期を乗り越え、翌期以降に取り戻そうとすることによって発生します。最初は、すぐ取り返すつもりであったものが、積み重なって取り返しのつかない額になっていることがあるのです。

「経営者」としては、やってはならないことなのですが、ありのままに損失を出すことによって、経営責任を問われることとなったり、金融機関や取引先の融資が得られなくなったり、あるいは出資配当や利用高割戻をすることができない等々の理由から、「粉飾決算」は発生します。

総（代）会や月次で発表されている決算数値が粉飾されていれば「経営分析」そのものが間違った答えとなり、進路を見誤り、場合によっては経営が破綻する場合もあるのです。

粉飾の方法はいろいろありますが、いずれも会計原則に反するだけでなく、組合員への背信行為といえます。そのような行為が行われないために監査制度があるわけですが、多くの場合、監事や監事会の監査だけではなかなか発見できないでいます。

ここでは、「粉飾」の方法の一部を掲載しておきます。だからといって、どこかに粉飾があるのではないかと疑心暗鬼で経営を見るのではなく、あくまでも、特殊な事例であることをお断わりしておきます。

粉飾は「収益」の過大な計上と、「損失」の未計上があります。先に説明した貸借対照表の左右（借方・貸方）の合計額は必ず一致しなければなりません。そのために、左側の資産の部に何か架空の数値を加えるか、右側の負債の部に計上すべき数値を計上しなければ、その額だけ右側の剰余金が増えるのです。

事例1（供給未収金、商品、貯蔵品の過剰計上）

「供給未収金」（売掛金）の中で、回収できなくなってしまっている額を貸し倒れ処理（雑損失または貸倒引当金）として減額せず、そのままにしておく。

「商品」や「貯蔵品」のなかで、破損や減耗によって商品価値がなくなってしまったものを破棄処理して減額せず、そのままにしておく。もしくは、棚卸額を偽って架空計上する。

これらは、個々の額は小さいのですが、まとまると大きな額になります。単に経営管理者だけでなく、各事業所でも、業績をよく見せるために適切に処理していない場合もあります。また、棚卸しを行わず放置していることによって、過大に計上されていることもあります。

「供給未収金」や「商品・貯蔵品」の場合は、個々の書類と照合が大変なために発見が遅れます。制度として、棚卸しや供給未収金回収の手続きが整備され実施されているかを見守ることが必要です。

事例２（架空債権の計上）

架空の供給を計上し、架空の相手への「供給未収金」が発生したことにする。

「供給未収金」は、すでに供給した代金が決算時点で入金されていない金額を指します。そのために、架空供給を立てると、現金入金がないため、一方で「供給未収金」が発生するのです。

いずれにしろ「供給未収金」については、個人別残高を確認できる状態になっていることが必要です。架空債権は相手方に残高確認を行う以外、発見は困難なのです。

また、架空債権は供給予算が大きく下回ったため、架空供給を立て、供給予算が到達したように見せるためにも発生します。架空の供給を立てれば当然、現金が入ってこず「供給未収金」という架空債権が発生するのです。

架空供給は、当然ですがいつまでも現金が入ってきません。そのために、決算が過ぎた時点で返品があったことにして「供給高」と「供給未収金」を減額し、元に戻すという巧妙な操作を行う場合もあります。

このような、債権勘定と収益勘定を操作して行う架空利益の計上の方法はさまざまあります。

事例３（仮勘定の未処理＝費用の過小計上）

精算すると費用となり利益が減少するために仮勘定（「仮払金」「前払費用」など）を精算せず、流動資産に残したまま決算することによって費用を少なく見せる。

建物が完成しているのに「建設仮勘定」のままにして決算を行い、減価償却費の計上を行わないことによって利益を増やす。

一時的な処理を行っている「仮払金」や「貸付金」等も注意する必要があります。

事例４（固定資産の過剰計上）

すでに破損したり故障して使えなくなって資産価値のなくなった建物・構築物・器具備品・車両・ソフトウエアなどを、帳簿上だけ残し、損金処理をせずに利益を増やす。

建物等の固定資産の減価償却を全く行わないか、定めた率より低い額でしか行わず、費用を過小計上し利益を増やす。

本来、費用として計上すべき費用を、固定資産として長期前払費用等に計上し費用を過小計上する。

実際にはないものを計上するのは論外ですが、これも実際に実物を確認しないかぎり分からないのです。粉飾で多いのは、実物はあっても、その評価が適切ではないという問題です。

固定資産は購入時点で購入額を固定資産として計上し、一定の利用可能な期間中は減価償却費という費用を計上し、その累計額を資産の額から減額します。減価償却は、税法による規定か、独自に定めた規定によって耐用年数や償却方法（定率法とか定額法等）を定め、その耐用年数によって償却率を定めています。その減価償却を所定の方法で行わず、資産額を過剰計上するのです。これは、他方で減価償却費という費用を過小計上することになり、利益を大きく見せるのです。

決算の状況を見て、減価償却の計上額を少なくしたり、減価償却をしなかったりすることを決算対策の一つと思っている経営責任者がいますが、とんでもないことです。

固定資産は、その耐用年数が来る前に使用に堪えないことが頻繁に起こります。「店舗の寿命は20年」といわれる一方で、税法では40年とか50年の耐用年数となっています。また、従来は8時間稼働であったものが24時間稼働となり、年数で見ると寿命が非常に短くなっている場合もあります。そのために、多くの製造業では独自に耐用年数を定めて、利益管理の適切化を図っています。なぜなら、その機器を利用しているうちは利益が出ているように見えて、使えなくなった時点で多大な損失（除却損）が発生し大きな問題となるからです。

事例5（支払うべき費用の未計上）

費用は現金で支払うときに計上するとして、「買掛金」や「未払費用」等の計上をしない。

粉飾は「資産」の水増しだけではなく、「負債」や「費用」の操作によっても行われます。

特に、事業経費や買掛金を決算日までに支払った額だけを費用に計上し、「買掛金」や「未払費用」を少なく計上して利益が出ているように粉飾をする事例があります。これは、損益計算書作成上の「発生主義」の原則から大きく逸脱したものです。

家計では現金主義が当たり前なのですが、「企業会計」では、「発生主義」が原則です。物の移動や労働をした時点で費用として計上し、支払いまで「買掛金」や「未払費用」等として計上しておくことが求められているのです。

人件費も10日で締めて25日に支払っている場合に、20日決算の時点で11日から20日までの賃金は「未払賃金」なので、当然計上しなければなりません。同じように、仕入代金を決算日より前に締めて「買掛金」を全額計上しないなどして、利益を大きく見せる場合もあります。

銀行や組合債の金利も、金利を支払ったときではなく、借入期間の経過日数に応じて計上しなければなりません。

事例6（負債としての引当金の未計上）

> 賞与引当金や退職給付引当金を計上しないか、過小に計上することによって人件費としての費用を過小に計上している。

月次の賃金は「未払費用」として計上しているものの、将来支払う必要のあるものを計上しないか、過小に計上する事例があります。

賞与引当金は、決算月（通常3月）までに働いた期間に対応する賞与分を引当金として計上し、年度の費用を適切に計上するものです。また、退職給付引当金は、職員が既に働いた期間に対応した退職金相当額として費用に計上し、積み立てをしておくものですが、実際の支払いまでは、内部留保と同じように、自己資金として資産に投下しているものです。これらの費用を計上しないか少なく計上することによって、利益を大きくするのです。

事例7（関係会社に負債と費用を隠す）

回収不能になった「供給未収金」等の不良資産を関係会社に売却して、生協自身で損失処理をせず、関係会社に損失を蓄積させる。

子会社に不動産を売却して再リースをする形で賃貸借し、売却益を計上し、生協の利益が出ている状態をつくる。

近年、生協の事業領域の拡大のなかで、一部の業務を関係会社で行う事例が増えてきています。この関連会社との取引のなかで、〝粉飾まがい〟の行為が行われる事例も多く発生しています。

これらは、正常な取引であれば「粉飾」とはいえないのですが、往々にして、売却価格が資本関係のない他の企業に売却するよりも高額な価格を設定する事例が多く見られます。

また、子会社との取引は実質利益ではなく書類上の利益であり、「連結決算」をすれば相殺されて計上できないものです。しかしながら、生協は関係会社との連結決算が義務付けられていないため、隠れてしまっている場合が多いのが実態です。

これからの時代は、資産も負債もより適切に計上することが求められます。従来の日本企業（生協も）には「含み益経営」という形で、経営の失敗を資産の切り売りでカバーするといった事例が多く見られました。現在の会計の在り方は、より現在価値（時価）に即して決算を行うことが求められているのです。

以上のような決算の「粉飾」は、「今は剰余を出せないので、やむを得ずに操作をしているが、いずれ経営が良くなったら元に戻せばよい」と思っている場合が多いのです。

しかし、そんなことまでしなければならなくなっている経営は、簡単に良くならないのです。多くは、「粉飾」を戻すどころか、さらに「粉飾」せざるを得なくなり、結果として完全に行き詰まることが多く、倒産につながるのです。

V．経営を強めるにはどうしたらよいのか？

1．経営のコントロール計画と実績を一致させる

「経営」とは、あらゆる経営資源（人・物・金・情報）を使って、戦略（長期的な事業目標）に基づいた「計画」を定め、執行していくものです。

計画のないところに経営はないといってよいでしょう。そのために、経営は常に計画との対比で、その成果が問われるのです。

計画を達成する上では「管理」が必要です。「管理」という言葉は日本語では統制するという意味合いが強いのですが、英語では「マネジメント」といい、計画に沿って事業を適切に運営（コントロール）するという意味です。

「経営」を計画に沿って「管理」することを「経営管理」といい、その執行責任者が「経営者」なのです。

生協の場合は、総（代）会で決定した経営計画（事業計画）通りの経営結果になるようにコントロールすることになりますが、何をコントロールするのでしょうか。

「Ｐｌａｎ　Ｄｏ　Ｓｅｅ」とか「ＰＤＣＡ」（Plan＝計画、Do＝実行、Check＝点検、Action＝修正して実行、の略）という言葉がありますが、これを「管理のサイクル」といいます。

経営をコントロールするとは、この３つないし４つの行為の繰り返しといえます。このサイクルが常に回って

いるかどうか、Ｐｌａｎ、Ｐｌａｎ、Ｐｌａｎで、計画をつくることばかりであったり、Ｄｏ、Ｄｏ、Ｄｏと、どこまでも突き進むだけであったりする例がありますが、それでは管理にはならないのです。

順を追って考えてみましょう。

①計画を立てる（Plan）

経営は、計画を立てることに始まります。

従来、計画を立てる行為を一部の人が行い、他の多くの人がそれに従うといった計画づくりがなされていました。結果として、その計画を実行している当事者は「計画がおかしいから」とか「そもそもそんな計画は非現実的だ」とかいって、計画とは別の目標を持って仕事をしていたり、極端な場合、目標を持たずに成り行きで仕事をしている場合もあります。

総（代）会で決まった事業計画に沿って行った事業の結果は、事業報告として決算書類とともに再度、総（代）会で承認を得ることになっています。

しかし、総（代）会で決めた事業計画そのものが、そもそもどうだったのかといったことをほとんど問題にしないまま、次の計画を提案しているという事例が多く見受けられます。

「計画」を策定するには、それぞれの事業における現状の把握と外部環境の変化について、実情を赤裸々に明らかにする必要があります。昨年まではこうだったから来年もこうなる、とは誰も言えないのです。現在の生協の問題点とその要因を明らかにし、それらの問題点を解決する方法としての施策を定め、その結果として数値計画が組まれなければなりません。

併せて、トップマネジメントとしては、年度で到達させたい目標と基本的な施策を提示しつつも、組織を構成している各マネジメント単位（事業所）で組み立てられた事業計画とのキャッチボールを行う中で、全体計画を作り上げていく過程を踏むことが重要です。なぜなら、組織を構成している全体が計画づくりと結果に責任を持って当たらなければならないからです。

②計画にしたがって実行する（Do）

計画の執行に当たっては、その計画を進めるための組織を確立する必要があります。これには、既に存在している組織を使う場合もありますし、特別なプロジェクトやタスクを作り、組織を横断した形で課題を推進させる場合もあります。いずれの場合も、先に設定した計画と目標を共有化し、具体的な施策をスケジュールを定めて実行していくことが必要です。

経営管理の立場では、それらの執行状況が逐次把握できる仕組みが必要です。月次の決算や週次での報告システムが、重要なマネジメントのツールとして整備されている必要があります。

各事業所ごとには、目標の到達のために、年間予算を月次や日次で細分化し、常に執行状況が把握されていることが重要です。

組織や設備、商品やプロモーションは、目標に到達させる上で周到に準備されていなければなりません。常に、追加教育や設備の更新、商品の入れ替えや補充、セールの企画や売価の見直し等、さまざまな作業を効率よく、かつ組織的に取り組む必要があるのです。

計画した目標を達成するためには、当初想定していなかった事項が発生するのが常のことですから、管理者には、個々の局面で当初計画に立ち返っての判断が求められるのです。

③計画との差を評価し軌道修正を行う（Check & Action）

事業を進めていく中では、必ずしも計画どおりにいくことばかりではありません。月次や四半期の単位で振り返り、当初計画との対比を常に念頭に置く必要があります。

計画と実績が一致しなかった場合、どこに問題があるのかをはっきりさせる必要があります。この問題点を明らかにする中で、次の手立てが検討されるのです。

競合や景気のせいにしたり、他部局の協力を得られないことを問題にしたり、外部のせいにしがちですが、そのことは、計画段階で想定されていてしかるべき問題です。また、そのことを問題にしても、事態は解決できません。場合によっては、そういった外部に言い訳を求める組織体質が、そもそも問題であったりするのです。

問題点が明らかになった時点で、施策の修正が必要になります。生協経営としてみれば、最終目標は組合員利益の最大化にあります。現状のまま推進すれば多大な損失を生む場合などは、いち早く方向転換や事業からの撤退を考えなければならないかもしれません。通常は、目標との乖離《かいり》の幅を縮めるために追加施策を考え、テスト的に実施し、その有効性を評価し、対策を決定していく努力を行います。

場合によっては、計画を大きく上回り、目標をさらに引き上げることがあるかもしれません。時には、供給目標は引き下げ、利益目標を死守する行動が必要な時もあります。いずれにしろ、現在投下している経営資源を、いかに有効に使えるのかを考えるのです。

「経営管理」とは詰まるところ、限られた経営資源をいかに有効に使うべきかを判断し、執行させることです。

使える資源や時間には制限があり、人材の育成や組織の体質を変えるのは、時間を必要とします。できそうなことばかりで挑戦をしないのも困りものですが、できもしない夢ばかりを追い続けるのも考えものなのです。

2．組織としての力

経営は組織として行うものです。個人商店であればオーナーが決め、自分でやることが当たり前かもしれません。当然、成功も失敗も、自分自身に振り掛かってくるのですから。

しかしながら、生協の場合、経営の結果は組合員の共有財産に大きな影響を与えます。その生協が継続的に発展し、常に組合員利益を最優先に考えるならば、組織としての力を最大限発揮できる組織と組織風土づくりが大切です。

この、組織としての力を作り上げるうえで、トップマネジメントは大きな責任を負っているといえます。

生協が経営不振に陥ったとき、その原因として供給不振や組合員数の減少、人件費や物件費などの固定費の上昇、時には金融機関や取引先の関係悪化がいわれますが、多くの場合は自らの組織体質に大きな問題があるのです。

これらはすべて、経営組織と経営者の問題です。経営は「数字の問題」である以前に、「人間の問題」「人と人の集合体としての組織の問題」なのです。

したがって、生協の経営改善のためには、まず、経営組織をどう強化し、そこに働く職員集団の仕事の仕方をどう変えるか、から取り組む必要があるのです。

非民主的な運営

トップのワンマン経営、あるいは理事会内部の対立などにより、民主的な機関運営が行われていないこと。

常勤組織の不団結

中心となるべき人の指導力が弱く、あるいは組織全体を把握した運営が行われていないこと。

組合員不在の運営

組合員の顧客化（買物をする客としてしか扱わない）によって、組合員の運営参加が行われていないこと。

協同組合間協同の欠如

近隣生協との連帯や連合会への結集が弱いこと。

トップマネジメントが留意すべきことについては、日本生協連が発表している「健全な生協経営の確立にむけて」や「健全な機関運営ために」のなかで、次のような点が挙げられています。

①「コストの先送りを」しない

今日の生協の多くは、高度経済成長期に所期の発展を遂げてきました。インフレの高進下では、積極的な成長路線を取りましたが、少々のコストの先送りを行っても、供給規模の拡大が矛盾を解消してくれました。

しかしながら、デフレの進行や低成長時代の今、過去の経営のやり方を抜本的に改める時期にきています。

ことに、バブル期とは違い、投資が経営に与えている負荷は非常に大きいものとなっていますし、将来への負担となっています。

トップマネジメントとして、多大な損失とその責任が問われる問題ではありますが、勇気をもってうみを出しきることが求められます。社会的にも、過去の負の遺産を処理して発展できる企業と、遺産を処理せずに衰退の一途を走らざるを得なくなる企業との格差が開く時代になっています。

②事業・経営の焦点となる課題を鮮明にする

生協の経営の基礎は、組合員が日常的に利用をしている店舗や宅配（共同購入）事業です。現在は、共済事業や福祉事業も取り組まれていますが、その事業だけを目的に加入する組合員は限られています。あくまでも商品利用を動機として参加をしてきた組合員が基本であり、その組合員に対して新たな事業利用の道を開いているものです。

また、事業の大半はこの店舗事業と宅配（共同購入）事業が占めており、この事業の成否が経営の成否を左右しています。

店舗事業も宅配（共同購入）事業も、組合員（消費者）の生活スタイルの変化に応じて、その事業の進め方や商品の変更が必要となっています。十年一日で変化のない事業が、永続的に存在したことはありません。

これらの事業を、組合員のニーズに応える事業として常に革新し続けるには、先進事例に学ぶとともに、たゆまぬ努力を必要とします。このことは、一朝一夕には達成できない課題です。そこでは、組合員のニーズの実現と同時に、経営効率を上げ収益を確保しなければなりません。

昨今、供給高の伸長を人件費や物件費の伸長が上回り、事業の拡大を実現できているにもかかわらず、利益の水準を大幅に低下させる増収減益の状態が続いています。生協によっては、供給高も利益も下がる減収減益という事態も起こっています。

この時期、もう一度経営課題を明確にし、組合員のニーズを満たせる事業開発と経営の効率性・収益性にメスを入れることが重要なのです。

③事業・経営の実態と課題を組合員に明らかにする

事業・経営の実態を、組合員の前につまびらかに示し、生協が組合員のくらしのために、どう貢献しようとしているのか、また、そのために何が弱点であり、どう克服していくのかを組合員の前に明らかにし、組織全体が共通の認識を持つことのできる取り組み姿勢が示されている必要があります。

経営破綻した生協のほとんどは、経営実態を組合員に開示することによって自らの責任を問われることを恐れたり、組合員をはじめ関係者の協力を得る努力を怠ることによって、取り返しのつかない事態にまで至ってしまったものです。

生協がその運営原則とされる「公正さ」や「誠実さ」を失ってしまったとき、生協としての存在価値もなくなり、生協自身も消滅をしてしまうのです。

理事会にとっては、事業・経営を通じて、組合員への具体的な「約束」をし、それを真摯《しんし》に追求し、実現することが、何よりの責務です。そして、その結果について、組合員からの評価を受けることが伴ってこそ、初めて民主的運営といえます。

経営の開示――それは、単なる数字の羅列として報告をすればよいのではなく、その生協の未来を切り開く出発点といえるのです。

④トップの経営責任を明確にする

今日の生協経営の問題のひとつに、トップの問題があります。生協は、組合員が自らのくらしの向上のために、出資し、利用し、運営に参加する組織です。その経営を預かるトップは、組合員の負託に応えるべく、日常の事業執行を行わなければなりません。

経営者としてのトップの責任は、おのずと明白です。組合員の利益を守り、その共通の財産である生協運動と資産を発展増強させることです。

トップとして、当然、個人的モラルが求められますが、同時に、経営者モラルが備わっていなければなりません。しかし、生協は往々にして、個人的モラルの評価で経営者モラルとしての経営責任を曖昧にする傾向があります。「人は良いから」と思うあまり、その経営結果にものを言わない風土があるのです。この傾向は厳に慎まなければなりません。

トップ自身も、自らの責任を自覚する必要があります。トップ自身が責任を明確にできない組織の中で、日常の業務における職員集団の責任を問うことはできません。理事や理事長、専務の任期を定めるのも、トップが長期にわたることによって組織が硬直化し、トップの言うことに反対するものがいなくなるといった事態を防ぐために行われているものです。

生協は、組合員のくらしを向上させるために、さまざまな社会的主張と、その実現のための活動を繰り広げるなかで、それを事業として具現化していくことに組織としての特徴をもっています。経営はその基盤であり、組織と経営を統合させた体質を作り上げるために、強固な経営体質を作り上げることがトップの使命であり、課題です。

3. 組合員の力

生協が組合員の願いを基礎に、組合員自身の要求実現のための組織として人間社会に生まれてからこの間、生協が世界のあらゆる地域で設立され、その活動領域も組合員の消費や福祉から労働の分野まで拡大しています。

この生協運動の歴史の中で、いくつの生協がその歴史を閉じたことでしょうか。組合員にとって、それはいつも突然のことでした。昨日までは順調にいっていたはずなのに、という思いを抱きながら、もう取り返しのつかないところまできてしまっていたのです。

失敗の多くは、経営の失敗であると同時に、「組合員の顧客化」といわれる、組合員参加の形骸化にあったといえます。生協が私企業とは違い、組合員組織である限り、常に、原点に立ち返らなければなりません。経営破綻から再建への取り組みは、組合員の要求（ニーズ）への回帰と、そこにおける組合員参加の再生があって初めて可能なのです。

生協が生協であり続けることこそ、生協の存在を保障するものであるといえます。本書は「経営分析」をテーマとしていますが、生協経営は組合員が主人公であり、その力をもって初めて成功があるといえるのです。

生協の経営は、第一に、組合員に対して責任を負っています。組合員の出資金を守り、経営を守ることは当然ですが、それ以上に、組合員の信頼を裏切るようなことがあってはいけないのです。

さらに、生協で働いている職員や、地域社会に対しても責任をもっています。

まさに、経営責任は非常に重いものとなっています。それは、単にトップだけの責任ではなく、組合員も含めて、自らの組織の実態を把握しておくことが求められているのです。「組合員があれだけ努力をしているのだから」と思い込むのもやめましょう。「うちの生協だけは」と思い込むことをやめましょう。

現実は、思いとは別に非情なものです。どれだけ素晴らしい活動をしていようとも、損益が合わなければ赤字になります。赤字が続けば支払いができなくなり、金融機関から取引を停止され、商品取引もできなくなり、倒産するのです。

「経営分析」は、客観的に自らを見るために行います。そのことなしに成功はあり得ないのです。あなたの生協の永続的発展は、経営内容の客観視から始まるのです。

経営内容が良い生協も、悪い生協も、その事実を確認し、何をすべきかを、その構成員全体が認識し、努力を開始することが求められています。

4．本当に必要なのは経営戦略と戦術

生協がこれから進むべき道筋を明らかにする一助として、経営分析があります。しかしながら、経営分析をしたからといって、進むべき道が分かるわけではありません。問題点が多少明らかになりますが、新しいビジョンや目標を立てる上には、さらなる検討が必要です。

企業活動を発展継承するには「戦略」を明確にし、組織がその戦略に向かって、集中した努力が行えるような

取り組みを進める必要があります。「戦略」としては、次の四つのことを、十分に検討して、事業の在り方を考える必要があります。

この四つの内容の過去と現状を見直し、明日への道筋を決めることが重要なのです。

【四つのキーワード】

1．コア・カスタマーは誰か

誰を中心的顧客とし、誰を付随的顧客とするのか。

2．コア・マーチャンダイジングは何か

何を提供する商品の中心に据えるのか。

3．コア・コンペティションはどこか、もしくは何か

誰が市場での中心的競争相手なのか、もしくは対峙《たいじ》すべき価値観は何か。

4．キー・アピールの内容は何か

事業を通じて何を主張するのか、何を実現するのか。

コアとは「中心」、もしくは「多くを占めるもの」を指しています。コアを明確にすることによって、その周辺である「フリンジ」部分へのアプローチも明確になるのです。

このキーワードによって向かうべき方向を定め、それを実現するためにどうすればいいのか、が「戦術」です。「戦略と戦術」を取り違えることなく、進むべき道を、誰にでも分かるように明らかにすることが大切です。

最後に

『生協の経営入門』では具体的な数値をあげて説明をしていません。本当は数値を入れ、その内容の説明をすればいいのかもしれませんが、それは、読者の皆さんが実際の数値を使って考えてください。

経営は生き物です。毎日の日常の中では埋没し、分からないことも、ちょっと視点を変えると見えてくるものがあります。逆に、漫然と決算を確認しているだけでは、何も見えてきません。また、何か問題意識があってこそ、分析をし、問題点を探し出すことができるのです。

全国の生協がその地域ごとに組合員の願いを実現するための取り組みをしているのですが、ともすると昨日と同じことの繰り返しに終わってはいませんか？　流通業は「変化産業」です。昨日と同じ取り組みはすでに後退が始まっているのです。明日のために、常に今に疑問を持って、何をすることが必要なのかを考え、トライし続けることが重要です。この本がその一助になれば幸いです。

なお、この中に記載した表中の数値は、全国の地域生協の平均値（各年度の『経営統計』から）を入れてあります。合わせて参考にしていただければと思います。

二〇一三年五月

川田俊夫

〔著者紹介〕川田俊夫（かわだ・としお）
1948年11月、福井県敦賀市で生まれる。68年３月、福井県立敦賀高校卒業。同年４月、早稲田大学理工学部建築学科入学。69年５月、早稲田大学生協理事。70年５月、同生協常務理事。72年３月、早稲田大学理工学部建築学科卒業。72年、横浜生協入職。86年６月、コープかながわ常務理事。90年３月、ユーコープ事業連合専務理事。97年３月、日本生活協同組合連合会（日本生協連）に移籍、事業支援本部長。99年３月、日本生協連経営指導本部長。2003年３月コープさっぽろに出向。同年６月、コープさっぽろ専務理事、北海道生協連専務理事、道央市民生協理事。06年６月、日本生協連執行役員会員支援担当兼本部長、08年６月、日本生協連執行役員会員支援担当。2008年11月、日本コープ共済生活協同組合連合会常勤監事。

改訂版
生協の経営入門

[発行日]
2013年6月10日　　初版1刷

[検印廃止]

[著書]
川田俊夫

[発行者]
芳賀唯史

[発行元] 日本生活協同組合連合会出版部
〒151-8913　東京都渋谷区渋谷3-29-8　コーププラザ
TEL　03-5778-8183

[発売元] コープ出版㈱
〒151-8913　東京都渋谷区渋谷3-29-8　コーププラザ
TEL　03-5778-8050
www.coop-book.jp

[制作・印刷] ㈱三協社

ISBN978-4-87332-322-0